ERICH ZENGER

Durchkreuztes Leben

ERICH ZENGER

Durchkreuztes Leben

Hiob
Hoffnung für die Leidenden

HERDER
FREIBURG · BASEL · WIEN

Neuausgabe. Um den Beitrag „Hiob in moderner Dichtung“ gegenüber der Erstausgabe gekürzt

ZWEITE AUFLAGE DER NEUAUSGABE

Herstellung: Freiburger Graphische Betriebe 1982
ISBN 3-451-17609-2

Vorwort zur Neuausgabe

Die Hoffnung, die das Buch Hiob den Leidenden geben kann, gründet darin, daß es Protest und Kampf in einem ist. Im Namen der leidenden Menschen protestiert dieses biblische Buch gegen alle Spielarten von Theologie, die allzu direkt und leichtfertig Leid als von Gott geschicktes Leid erklären und den Leidenden ihr Leid als Werk eines Gottes plausibel machen wollen, der straft oder erzieht – eine Theologie, wie sie im Buch Hiob von den theologischen „Freunden“ Hiobs vertreten wird. Im Namen Gottes protestiert es aber auch gegen die verständlichen, aber vorschnellen Pauschalthesen, wie sie vom revoltierenden Hiob formuliert werden, der aus seinem Leiden auf einen Gott schließt, der eine böse Welt geschaffen hat und der sich um seine Welt nicht kümmert. Beide Positionen weist das Buch Hiob letztendlich ab – aber es läßt keinen Zweifel daran, daß der biblische Gott immer auf der Seite der Leidenden steht, mögen sie anklagen oder verstummen. Deshalb ist dieses Buch zutiefst eine leidenschaftliche Streitschrift *für* die Leidenden. Es kämpft für ihr Klage- und Lebensrecht. Es kämpft dafür, daß Leidende nicht zum Objekt humanistischer Bevormundung oder theologisierender Belehrung mißbraucht werden. Es kämpft dafür, daß wir Menschen Konsequenzen daraus ziehen, daß es vor Gott keinen Unterschied zwischen krankem und gesunddem, zwischen erfolglosem und erfolgreichem Leben gibt. Vor Gott muß Leben nicht erst von außen Lebensrecht erhalten. Was einen Menschen vor Gott wichtig und liebenswert macht, hat er vom ersten Augenblick an: sein Gesicht und sein Herz, seine Ängste und seine Sehnsucht. Mensch-Sein wird in der biblischen Tradition nicht definiert nach den Maßen der Mode, der Werbebranchen und der Stelleninserate. Was Mensch-Sein ausmacht und fordert, geht am ehesten auf in der menschlichen Begegnung mit Leidenden. Dazu ruft das Buch Hiob auf. Und auch so ist es ein Hoffnungsfanal für die Leidenden.

Die nachstehenden Meditationen zum Buch Hiob insgesamt und zu einzelnen Texten daraus sind zum ersten Mal, zusammen mit der Interpretation von modernen Hiobgedichten, unter dem Titel „Durchkreuztes Leben. Besinnung auf Hiob" veröffentlicht worden. Auf Anregung des Verlags hin wird der biblische Teil jenes Büchleins nun als Neuausgabe mit verändertem Untertitel vorgelegt.

Ich widme diese Meditationen den leidenden Schwestern und Brüdern Hiobs, insbesondere meinem seit Jahren kranken Bruder Alfons Zenger.

Münster, Karwoche 1981 *E. Zenger*

Inhalt

Statt einer Einführung

Ein Rabbi kommt an einem Sabbatnachmittag aus dem Bethaus nach Hause und vermißt dort seine Söhne. „Wo sind meine beiden Söhne?“ fragt er. „Sie sind ins Lehrhaus gegangen!“ antwortete seine Frau. Und als er nach einiger Zeit wieder fragte, entgegnete sie: „Sie sind vielleicht zu Freunden. Schon öfters sind sie erst zu dieser Stunde zurückgekehrt.“ Aber das genügte ihm immer weniger, und er fragte dringender: „Wo sind meine Knaben?“ Sie sprach: „Erlaube, daß ich dich etwas frage!“ – „Was ist's?“ Die Frau erwiderte: „Vor etlichen Tagen kam ein Fremder zu mir und gab mir ein Pfand, damit ich es bewahre. Es waren zwei kostbare Perlen von großer Schönheit. Und ich hatte meine Freude an ihnen, als wären sie mein. Heute nun, als du im Bethaus warst, ist der Fremde wiedergekommen und hat sein Pfand zurückverlangt. Soll ich es ihm wiedergeben?“ „Wie fragst du nur?“ antwortete der Rabbi streng. „Kannst du zögern, anvertrautes Gut zurückzugeben?“ „Nein“, erwiderte die Frau, „aber ich wollte nicht ohne dein Wissen handeln, denn auch du hattest dir angewöhnt, das Pfand als dein Eigentum zu betrachten." Er sprach: „Was sagst du da?" Und mit brechender Stimme: „Wo sind meine Kinder?" Da nahm die Frau ihn bei der Hand und führte ihn in die Schlafkammer. Sie hob die Decke vom Bett, da lagen die Knaben still und schön, und sie waren beide tot. Der Rabbi schrie laut auf und warf sich über sie. Die Frau aber stand ernst und bleich hinter ihm und blickte nieder auf seinen Schmerz. Sie sprach: „Hast du mich nicht geheißen, das Pfand zurückzugeben? Der Herr hat's gegeben, der Herr hat's genommen, der Name des Herrn sei gelobt."

(Aus einer jüdischen Geschichte)

Erster Teil

Die Botschaft des Buches Hiob

1. Die ewige Frage nach dem Sinn des Leidens

Auf die Frage nach dem Sinn des Leidens gibt es keine Antwort, durch die Leiden aufhören würden, Leiden zu sein. Auch in der Bibel gibt es solche Antworten nicht. Wohl gibt es Leiden, die wir Menschen beenden können und die wir im Namen Gottes und im Namen der leidenden Menschen beenden müssen. Und es gibt nicht wenige Leiden, die von Menschen bewirkt sind und deshalb von Menschen beendet werden können und müssen. Aber es gibt auch Leiden, die wir nicht beenden können. Und für solche Leiden gibt es auch in der Bibel keine Antwort, die man wie die Patentlösungen einer gestellten Aufgabe übernehmen könnte. Für solche Leiden gibt es keine geniale Erleuchtung, durch die Leid plötzlich Freud würde. Auch in der Bibel gibt es nur Menschen, die leiden und dennoch als Leidende leben möchten. Leidende Menschen, die Ausschau halten nach einem Morgen, der ihnen nicht weiter Nacht, sondern wenigstens einen Schimmer Licht bringt. Leidende Menschen, die an ihrem Leiden nicht zugrunde gehen dürfen. Leidende Menschen, die auch im Leiden trotz ihres Leidens ja sagen sollen zu ihrem Leben, zu ihrem Menschsein, zu ihrem Gott.

Leiden ist nicht ein theoretisches Problem, das es zu verstehen gilt. Leid kann nie verstanden werden. Es hilft letztlich auch nichts, Leiden zu *ver*stehen. Leiden ist eine Situation, die allein durch menschliche, christliche, glaubende Praxis zu *be*stehen ist. Und allein dazu kann und will uns die Bibel Impulse geben. Sie kann uns helfen, als Antwort auf eigenes und auf fremdes Leid die richtige, christliche Praxis zu finden. Die Bibel will uns helfen, unsere Leiden nicht nur zu tragen, sondern anzunehmen, zu humanisieren. Sie will uns helfen, anderen ihr Leid annehmbar oder zumindest annehmbarer zu machen. Aber die Bibel ruft uns nicht auf zur Missionierung leidender Menschen, zu theologisch gescheiter Belehrung von Menschen, die an ihrem Leiden zerbrechen, oder zu einer vorschnellen geistlichen Vereinnahmung von Menschen, deren Leiden uns sinnlos erscheint. Es gibt Formen des Leidens, die zum Verstummen zwingen, die man nicht zum Gegenstand einer auch noch so frommen Meditation machen darf. Über die extreme Nacht des Leidens, in der unheilbaren, alle menschliche Sensibilität zerstörenden Krankheit, im Dahindämmern der Verzweiflung kann man nicht fromm und nicht gescheit sprechen, da kann man nur, da muß man menschliche, christliche Solidarität im Höchstmaß praktizieren. Die allein christlichen Worte sind da nicht Worte *über* diese leidenden Menschen, sondern Worte und Taten der Liebe *zu* diesen leidenden Menschen. Jeder

Versuch des Redens über den Sinn des Leidens muß sich dieser Grenze bewußt bleiben. Unsere Meditation darf über den Sinn des Leidens nur sprechen, weil es Menschen gibt und gegeben hat, die ihr eigenes Leiden angenommen oder anderen Menschen geholfen haben, ihr Leiden anzunehmen. Und deshalb greifen wir auch zur Bibel. In ihr begegnet uns das Zeugnis von Menschen, die an ihrem Leiden gelitten haben und dennoch nicht daran zerbrochen sind. Wenn wir es wagen, im Angesicht leidender Menschen ohne Heuchelei von Sinn und von Gott zu reden, dann nur, weil es eben ungezählte Ungenannte gegeben hat, die Gott auch in der Nacht ihres Leidens noch angerufen und darin Lebenskraft und Hoffnung im Sterben gefunden haben.

Zum Ausgangspunkt unserer Überlegungen nehmen wir das Buch Hiob, also jenes alttestamentliche Buch, in dem sich die Leidensgeschichte eines ganzen Volkes niedergeschlagen hat. Es kann uns helfen, die eigentlichen Anfragen, die das Leid an uns stellt, zu erfassen und vor allem die glaubende Praxis zu finden, in der Leiden angenommen werden kann.

2. Zur Entstehungsgeschichte des Hiobbuches

Für die theologische Deutung des Buches Hiob sind einige Bemerkungen zu seiner Entstehungsgeschichte und literarischen Gestalt unerläßlich. Ältester Bestand des Hiobbuches ist die Rahmengeschichte, die in den Kapiteln 1–2 und 42 (V. 7–17) steht: die Geschichte vom frommen Dulder Hiob, vom Hiob des „Der Herr hat's gegeben, der Herr hat's genommen, der Name des Herrn sei gepriesen" (Hiob 1,21). Die Exegese nennt diese Rahmengeschichte gewöhnlich die Hioblegende, um sie zu unterscheiden von der jüngeren sogenannten Hiobdichtung, die dazwischengeschoben ist in den Kapiteln 3–31; 38–42,6. Diese Hiobdichtung, entstanden im 4. Jahrhundert v. Chr., ist eine kritische Auseinandersetzung mit der Leidenstheologie, die in der älteren Geschichte vom frommen Hiob steht. Es ist das Werk eines leidenden Menschen, der mit jener einfachen Lösung *so* nicht mehr zufrieden ist – vor allem damit nicht, wie hier von Gott und wie hier vom Menschen gesprochen wird. Deshalb schreibt er seine große Dichtung vom rebellischen Hiob und vom Gott, der auf diese Revolte des Hiob antwortet. Er schiebt seine Neuinterpretation zwischen die alte Geschichte, die dadurch selbst eine vertiefte Deutung erfährt.

Die „Hiobdichtung" ist sehr kunstvoll komponiert: sie besteht aus zwei Teilen. Der erste Teil (3–27) ist ein Dialog des leidenden Hiob mit seinen Theologenfreunden Eliphas, Bildad und Zophar. Es sind ursprünglich wohl neun Reden Hiobs gewesen, auf die jeweils einer der Freunde in der entsprechenden Reihenfolge antwortet. Aber wenn man diesen Dialog liest, spürt man, daß es sich eigentlich weder sachlich noch literarisch um einen Dialog handelt. Es ist viel eher ein Anti-Dialog. Es findet kein richtiges Gespräch statt. Hier sprechen nicht Menschen *mit-*

einander, sondern hier sprechen Menschen *aneinander* vorbei. Gerade an diesen Theologenfreunden wird eine Leidenspastoral demonstriert, wie sie immer die Versuchung nicht leidender Menschen ist, mit leidenden Menschen umzuspringen. Der zweite Teil (29–31; 38–42,6) ist ein Dialog Hiobs mit seinem Gott. In ihm fordert Hiob das Eingreifen Gottes, und Gott spricht zu Hiob – dies ist die literarische Darstellung – „im Wettersturm" (38,1), also im Zeichen der großen Gotteserscheinungen der alttestamentlichen Glaubensgeschichte.

Eine dritte Phase der Entstehungsgeschichte des Buches Hiob ist dann im 3. Jahrhundert der Einschub der Kapitel 32–37, die sogenannten Elihu-Reden. Sie sind der Versuch eines Theologen, der mit der Lösung des „Hiobdichters" nicht mehr zufrieden war. Ihm war die Antwort an den leidenden Menschen, wie sie in der Gottesrede der Hiobdichtung gegeben wird, wohl nicht orthodox genug. Ihm gingen vor allem die ketzerischen rebellischen Reden des Hiob auf die Nerven. Deswegen wohl entwickelt er nun „seine" neue Theologie des Leidens. Und wir werden heute sagen müssen: es ist im Grunde der Rückfall hinter den Punkt der theologischen Antwort, den der Hiobdichter, dieser glaubende leidende Mensch, erreicht hatte.

Diese drei Phasen der Entstehungsgeschichte des heutigen Hiobbuches sind nicht nur literaturgeschichtlich interessante Daten, sondern in ihnen spiegelt sich das Ringen um die Frage nach dem Sinn des Leidens wider; das Ringen, das schon die biblischen Menschen umgetrieben hat und das bis heute lebendig geblieben ist. Es sind mehrere Antworten, die im Hiobbuch auf die Frage nach dem Leid versucht und zum Teil verworfen werden. Weder die Position der Freunde Hiobs noch seine eigene sind die eigentliche Botschaft dieses Buches. Aber auch die Gottesrede allein ist nicht die volle Botschaft. Sie liegt vielmehr in dem dramatischen, vielfältigen Ringen, in dem die in diesem Buch redenden Menschen mit Jahwe, dem Gott der alttestamentlichen Glaubensgeschichte, konfrontiert werden. Daß dabei so unterschiedliche Menschen zu Wort kommen und immer neue Antworten versucht werden, mag zugleich als literarisches Kunstmittel zum Ausdruck bringen, daß es die schlechthin unüberbietbare menschliche Antwort auf die Anfrage des Leids nie geben wird.

3. Wider eine falsche Leidenspastoral

Das Hiobbuch protestiert zuerst einmal gegen zwei damals und heute übliche Versuche, dem Menschen sein Leid verständlich zu machen. Der eine Versuch begegnet vor allem im Munde der Theologenfreunde und steckt verborgen auch in der Hioblegende. Dieser Versuch geht aus von der Allmacht Gottes, die sich in der Ohnmacht des Menschen erweist. Dem anderen Versuch – auch er wird repräsentiert von den drei Freunden des Hiob, Eliphas, Bildad und

Zophar, und vor allem von Elihu – liegt die Vorstellung von einer Leidenspädagogik Gottes zugrunde.

Der erste Versuch steht ganz auf dem Boden der sogenannten Vergeltungstheologie. Er argumentiert etwa nach folgenden drei Schritten:

„1. Gott ist der allmächtige Lenker der Welt, der alles ... verhängt, auch das Leid.

2. Gott handelt nicht grundlos, sondern gerecht.

3. Alles Leiden ist Strafe für die Sünde."[1]

Im Munde der Freunde Hiobs lautet diese Argumentation so:

Ist Gott nicht wie der Himmel hoch?
Schau, wie die höchsten Sterne ragen!
Und da sagst du: Was weiß denn Gott?
Richtet er denn durch das dunkle Gewölk?
(22,12f).

Ist wohl ein Mensch vor Gott gerecht,
ein Mann vor seinem Schöpfer rein?
Selbst seinen Dienern traut er nicht,
zeiht seine Engel noch des Irrtums!
Wie erst jene, die im Lehmhaus wohnen,
die auf den Staub gegründet sind! (4,17–19).

Bedenke doch! Wer geht ohne Schuld zugrunde?
Wo werden Redliche vernichtet?
Wohin ich schau': Wer Bosheit pflügt,
wer Unheil sät, der erntet es auch.
Durch Gottes Atem gehen sie zugrunde,
schwinden sie hin im Hauch seines Zornes
(4,7–8).

Aus solcher Position folgen dann die erbaulichen Fragen und Ratschläge der falschen Frommen aller Zeiten:

Du, der sich selbst zerfleischt in seinem Zorn,
soll deinetwegen die Erde sich entvölkern,
der Fels von seiner Stelle rücken? (18,4).

Freunde dich mit ihm [Gott] an, und halte Frieden!
Nur dadurch kommt das Gute dir zu.
Nimm doch Weisung an aus seinem Mund,
lege dir seine Worte ins Herz:
Kehrst du zum Allmächtigen um,
so wirst du aufgerichtet.
Hältst Unrecht deinem Zelt du fern,
wirfst in den Staub das Edelgold,
zum Flußgestein das Feingold,
dann wird der Allmächtige dein Edelgold
und erlesenes Silber für dich sein (18,21–26).

In dieser Sicht soll Leid dem Menschen seine Ohnmacht vor dem allmächtigen Gott bewußt machen. Der leidende und zerbrechende Mensch soll in seinem Nichts erfahren, wie gewaltig der Abstand zwischen ihm und seinem Schöpfergott ist.

Der andere Versuch, mit dem die theologischen Freunde Hiobs und besonders der „Theologiker“ Elihu (32–37) dem Leiden einen tieferen Sinn geben wollen, ist das Gerede von einer Leidenspädagogik Gottes. Leiden ist danach eine gottgeschickte Prüfung, in der der leidende Mensch sich bewähren darf.

Leiden ist ein gottgefügter Läuterungsprozeß, durch den der Mensch gereinigt und verwandelt wird.

Denn einmal redet Gott,
und zweimal, man achtet nicht darauf...
von seinem Tun den Menschen abzubringen,
den Hochmut aus dem Manne auszutreiben...
Er wird gemahnt durch Schmerz auf seinem Lager,
und ständig ist Kampf in seinen Gliedern (33,14.17.19).

Hüte dich, und wende dich nicht zum Bösen!
Denn darum wirst du durch Leid geprüft (36,21).

Von einem solchen Standpunkt aus lassen sich dann jene gutgemeinten, aber die Leidenden zutiefst niederschmetternden Ratschläge formulieren, wie sie im fünften Kapitel des Hiobbuches von dem Freund Hiobs vorgetragen werden:

Die Zucht des Allmächtigen verschmähe nicht! (5,17b).

Ja, glücklich der Mann, den Gott zurechtweist (5, 17a).
Denn er verwundet und verbindet,
er schlägt, doch seine Hände heilen auch (5,18).

Wie stark die Versuchung ist, gerade im christlichen Raum solche seelsorglich gemeinten Ratschläge zu geben, zeigt die Durchsicht des erbaulichen

Schrifttums, die als „Lesehilfen für kranke und leidende Menschen“ derzeit im Umlauf sind. Einige Beispiele, die in einer Analyse von siebzig derartigen Schriften, die um das Jahr 1970 aufgelegt wurden, zusammengetragen sind[2], mögen dies verdeutlichen:
„Wenn wir dem Bauherrn der Welt vertrauen ... (merken wir), daß jeder sein Dunkel braucht. Allgemein heißt es, daß Menschen, Tiere und Pflanzen zum Gedeihen viel Sonne nötig haben, was auch wahr ist. Aber wenn wir wüßten, wie sehr die Natur für ihre Lebewesen die dunklen Nächte braucht, wären wir erstaunt. Ohne helles Licht kann die Welt nicht sein, aber ohne Dunkel bliebe sie auch nicht bestehen. *Nur* Sonne macht Wüste“ (21, 32)[3].
Oder: „Spüren sie [die Kranken] nicht gerade während ihrer Krankheit, wie Gott mit ihnen an der Arbeit ist?“ (26, 9).
Oder: „Gott läßt Sie jetzt Erfahrungen machen, um die wir Sie nachher beneiden“ (23, 26)[4].

Gegen derart abgeschmackte, unwirkliche Klischees, gegen solch mild-pastorales Schmalz aller Zeiten protestiert das Hiobbuch. Für solche Ratschläge hat dieses Buch der Bibel nur gleißenden Spott übrig:

Wahrhaftig, ihr seid besondere Leute,
und mit euch stirbt die Weisheit aus (12, 2).
Ihr, ja ihr – seid (theologische) Quacksalber,
Schwindelärzte allesamt (13, 4).

Schlimmer aber ist, daß eine solche Theologie, statt dem Menschen zu helfen, ihn im Grunde ruiniert.

Hiob spricht zu seinen Freunden:

Wie lang noch quält ihr meine Seele,
zermalmt ihr mich mit diesen Worten.
Zum zehnten Mal schon schmäht ihr mich,
und schämt euch nicht, mich zu beleidigen
(19,2f).
Wie tröstet ihr mit Schwindel mich,
eure Antworten bleiben Betrug! (21,34).

So bleibt das harte Urteil über diese Theologen, das der Hiobdichter am Ende des Buches zur Unterstreichung des Ernstes Gott selbst in den Mund legt:

Mein Zorn ist entbrannt gegen dich
(Eliphas) und deine beiden Gefährten,
denn ihr habt nichts Gründiges
über mich geredet wie mein Knecht Hiob (42,7).

Gott wirft ihnen vor: Ihr habt nicht mit mir gerungen! Ihr habt nicht mit diesem leidenden Menschen gerungen! Ihr habt ihn niedergerungen!

So nehmt nun sieben Jungstiere
und sieben Widder,
geht hin zu meinem Knecht
Hiob, und bringt ein Brandopfer

für euch dar! Mein Knecht Hiob
aber soll für euch Fürbitte einlegen;
nur auf ihn nehme ich Rücksicht, daß
ich euch nichts Schlimmeres antue! (42,8).

Der sogenannte „Sünder" legt Fürbitte ein für die sogenannten „klugen Theologen". Das ist das theologische K.o. für alle Versuche, die dem leidenden Menschen mit der Allmacht Gottes, mit der Rede von der grundsätzlichen Schuldverfallenheit des Menschen, mit Vokabeln wie Straf- und Erziehungsleiden helfen wollen:

Wollt ihr für Gott Verkehrtes reden
und seinetwegen Lügen sprechen?
Wollt ihr für ihn Partei ergreifen,
für Gott den Rechtsstreit führen? (13,7).

Die pastoral gemeinten Versuche der Rechtfertigung Gottes gehen nicht nur an der Wirklichkeit Gottes vorbei, sondern auch an der Wirklichkeit des leidenden Menschen. Der leidende Mensch kann angesichts solchen Redens höchstens noch Ironie aufbringen wie Hiob:

Auch ich könnte reden wie ihr,
wenn ihr an meiner Stelle wäret,
schöne Worte über euch machen
und meinen Kopf über euch schütteln (16,4).

4. Plädoyer für den klagenden Menschen

Die „rebellischen" Reden Hiobs sind Artikulation des Leidens, das mit ungeheurer Vehemenz aus Hiob herausbricht. Die Formung der Worte, Sätze und Abschnitte, in denen Hiob redet, ist nicht die Sprache des Katechismus oder der Dogmatik, sondern Klage. Für den Dichter des Hiobbuches gibt es nicht den Gedanken des Leides oder gedachtes Leid; es gibt für ihn nur wirkliches, erlittenes Leid. Wirklich erlittenes Leid ist nicht in abstrakten Reflexionen, sondern nur in der Reaktion des Menschen auf dieses Leid da: ein Schrei oder ein Sichaussprechen des Leids – und das ist die Klage. Was einer über das Leid denkt, ist demgegenüber unwichtig. Was sich einer über das Problem des Leidens ergrübelt, ändert faktisch nichts. Die Gedanken über das Leid entstehen – sieht man genau zu – auch meist nicht in der Arena des Leides, sondern auf den Tribünen. In der Arena wird gelitten, wird vielleicht geklagt und geschrien; es wird vielleicht dennoch Gott gelobt, aber es wird nicht über das Leid reflektiert. In der Arena des Leids ist das Leben kein Problem, sondern Wirklichkeit. Um die Wirklichkeit des Leides geht es im Hiobbuch. Sein Ort ist die Arena, nicht die Tribüne[5]. Der Ort des leidenden Menschen ist nicht die Tribüne, sondern die Arena.

Die Klage, der Ausbruch des Leides in die Sprache, ist eine der Bedingungen dafür, daß Menschen im Leiden nicht unverwandelt bleiben, daß sie nicht blind und taub werden für die Schmerzen anderer, daß sie vom bloßen passiven Erdulden zum produktiven humanisierenden Leiden kommen. Eine der wesentlichen Erfahrungen des Leidens ist ja gerade die Isolation, die Asozialität, die Auflösung von Bindungen, die als bisher gültig und tragfähig galten. Unter Leidensdruck zu stehen bedeutet immer, mehr und mehr zu vereinsamen. Und deshalb ist das Sprechen, ist das Sich-selbst-Finden des Leidenden in der Sprache der erste Versuch, sein Leid zu bewältigen. Der erste Schritt auf dem Weg, als Leidender menschlich zu leben und zu überleben. Es ist notwendig, daß leidende Menschen zum Sprechen kommen, um nicht vom Unglück zerstört oder von der Apathie verschluckt zu werden. Es ist nicht wichtig, wo und in welchen Formen das geschieht, aber daß Menschen sich formulieren können, daß Menschen ihr Leid aussprechen können, ihr Leiden mitteilen können, in ihrem Leiden mit anderen kommunizieren können, ist die Voraussetzung dafür, daß es Veränderung des Leidenden und Veränderung des Mitleidenden geben kann.

Der leidende Hiob bringt sein Leiden in einer sehr traditionellen Form zur Sprache: in der Form des klagenden Gebetes. Die Klage Hiobs ist Revolte, aber sie ist betende Revolte. Er schreit die überlieferten Gebetsformen der Klagepsalmen. Er greift Formulare auf, wie sie die frommen Menschen seiner Zeit gebetet haben, um darin sein Leid auszusprechen – Artikulation des Leides in einer sprachlichen Form, die heute fast wie verschüttet ist. Dabei wäre

Gebet die Weise, in der man Leid gerade in frommer Form – mag sie auf den ersten Blick noch so unfromm sein – zur Sprache brächte. Unsere Gesellschaft will den betenden Leidenden nicht. Wer im Leid betet, der verübt – wie man sagt – eine „subversive Tätigkeit“[6], denn er ist nicht zufrieden damit, daß er leidet. Nicht zufrieden damit, daß man über sein Leid nicht sprechen darf. Nicht zufrieden damit, daß man ihn abspeisen will mit dem Wunsch, sein Leid zu privatisieren, sein Leid für sich selbst zu behalten und allein damit fertig zu werden. Der leidend Betende formuliert Wünsche in seiner Leidenssituation, die über ihn hinausgehen. Er formuliert Wünsche, die ein Angriff auf die Umwelt, auf die Gesellschaft, auf die Familie des Leidenden sind – vor allem wenn sie im Namen Gottes geschehen. Die Klage zu Gott, die Anklage Gottes im Hiobbuch ist echtes Gebet des leidenden Menschen, der um Leben schreit, um Leben gerade mit seinem Gott.

Die Klage Hiobs ist stark von der Sprache der Klagepsalmen geprägt. Gerade darin kommen alle Dimensionen des leidenden Menschen zum Ausdruck. Es sind die Dimensionen, die etwa Simone Weil in ihrem Buch „Das Unglück und die Gottesliebe“[7] aufgefächert hat in: physisches, psychisches und soziales Leiden. „Es ist die Struktur dieses Zusammenhangs (von physischem, psychischem und sozialem Leid), die uns berechtigt, den konkreten naturwissenschaftlich erhebbaren Befund ‚Schmerz‘ zu übersteigen und von ‚Leiden‘ zu sprechen; in diesem Wort ist einmal die Dauer und die Tiefe eines Schmerzes ausgedrückt, sodann die Mehrdimensionalität als Verwurzelung des Leidens im physischen und sozialen Leben des Menschen."[8] Alle drei Dimensionen zusammen sind dann jenes „Unglück", das die Frage nach Gott, die Frage nach dem Sinn dieses Unglücks aufbrechen läßt. Hiob macht diese Erfahrung, in der Leid als physisches, psychisches und soziales In-der-Sphäre-des-Todes-Sein, als absolute Isolation erlitten wird:

Meine Verwandten bleiben aus,
die Gäste meines Hauses haben mich vergessen (19,14).
Mein Atem ist meiner Frau zuwider:
die Söhne meiner Mutter ekelt es vor mir (19,17).
(Meine) Buben selbst verachten mich (19,18).

Dahin sind meine Tage,
zunichte meine Pläne, meine Herzenswünsche.
Sie machen mir die Nacht zum Tag,
das Licht nähert sich dem Dunkel.
Ich hoffe nicht! Die Unterwelt ist mein Haus,
in Finsternis breite ich mein Lager.
Zur Grube rufe ich: Mein Vater bist du!
Meine Mutter, meine Schwester, (sage ich) zum Wurm (17,11–14).

Der leidende Mensch macht die Erfahrung, die die Verhaltensforschung auch für die Tierwelt bestätigt: „Die Hühner stürzen sich mit Schnabelhieben auf ein verwundetes Huhn. Dies ist ein ebenso mechanisches Phänomen wie die Schwerkraft. Es ist uns natürlich, die Unglücklichen mehr oder weniger zu verachten, obgleich fast niemand sich dessen bewußt ist."[9] Es ist uns natürlich, die Unglücklichen mehr oder weniger zivil, vornehm, höflich, aber im Grunde links liegen zu lassen; mit ihnen nichts anfangen zu können bis in die Stunde äußersten Leidens und Schmerzes hinein, wenn es uns nicht gelingt, am Bett eines Todkranken wirklich über das zu sprechen, worüber man in einer solchen Stunde sprechen müßte. Statt dessen sprechen wir über das Wetter und die Blumen. Gegen diese Erfahrung bäumt sich Hiob auf. Er bäumt sich vor allem dagegen auf, daß diese absolute Isolation eine – wie seine theologischen Freunde sagen – gottgewollte Isolation sein soll; eine Isolation, durch die die Macht Gottes gegenüber dem ohnmächtigen Menschen demonstriert werden soll. Er bäumt sich gegen die Vorstellung auf, die in der frommen Geschichte am Anfang steht, daß Gott durch diesen Test dem Satan zeigen will, daß seine Frommen eben Fromme sind, die seine Allmacht in dieser Welt demonstrieren (1,6–12; 2,1–6). Gegen diese Theologie lehnt er sich auf, indem er klagt. Und indem er klagt, schreit er sich heraus aus seiner Isolation. Indem er klagt, beginnt er den Exodus aus der lähmenden Ohnmacht des Masochismus, in den ihn die Rede vom gerechten, wenn auch nicht erkennbar gerechten Leiden hineinstößt. Seine Klage ist – das sei zugegeben – keine Bewältigung des Leidens, aber sie ist der erste Schritt, auch im Leiden aktiv, im Leiden „er selbst" zu werden.

Hiobs Klage ist sehr radikal:

Alsdann tat Hiob auf seinen Mund
und verfluchte seinen Tag (3, 1),

d. h. seine Existenz überhaupt.
Ihr gilt sein Fluchwort:

Schwinde der Tag, da geboren ich ward,
die Nacht, die gesprochen: Ein Mann ist empfangen (3, 3).

Ja, er verlangt die Umkehrung der beim Schöpfungsvorgang zum erstenmal zur Gültigkeit erhobenen Ordnung, wonach der Kosmos begann, indem Gott die Finsternis zum Tag machte (Gen 1, 2 f). Dieses Gesetz soll nun seinetwegen zu Ende gehen:

Der Tag, er werde Finsternis.
Die finster Urnacht lös' ihn aus (3, 4 f).

In der klagenden Analyse seines Geschicks erscheint Hiob „der Tag" seiner Geburt, d. h. die Tatsache seiner Geburt überhaupt, als das eigentlich Verantwortliche für seine leidvolle Situation: „weil er nicht schloß des Schoßes Tore" (3, 10 a), weil dieser Tag nicht verhinderte, daß er zum Leben gebracht wurde, und ihm somit die ganze Wehsal (3, 10) seines jetzigen Daseins schickte. Die Charakterisierung des Leidens als Wehsal meint mehr als einen bloßen Schicksalsschlag. Es ist das Wort, mit dem ein anderer alttestamentlicher Mensch, der sich mit der Frage nach dem Leid auseinandergesetzt hat, der Prediger Qohelet (2,10.21.24; 3,13 u.ö.), die Last und die Qual des menschlichen Daseins überhaupt bezeichnet hat.

In einer wehmütigen Warum-Klage, die sich immer zuerst auf die Lippen aller Leidenden drängt, stellt sich Hiob vor, wie dies alles hätte verhindert werden können, nämlich durch den Tod schon vor der Geburt:

Warum verstarb im (Mutter-)Leib ich nicht (3,11a),

den Tod gleich nach der Geburt:

kam aus dem Schoß ich nicht und schied? (3, 11a),

oder durch die verweigerte Fürsorge für den Neugeborenen:

Weshalb begegneten mir Knie
(der Geburt, oder besser: des Hegens und Pflegens),
warum mir Brüste, daß ich sog? (3,12).

Er traumt von einem Zustand der Befreiung von der Bedrängnis dieses Leidens:

Nun läge ruhig ich und still,
ich schliefe, hätte Rast (3,13).

Wie ungeheuerlich dieser Todeswunsch für Menschen der damaligen Zeit war, wird daraus erkennbar, daß Leben in dieser Welt das höchste Gut war, das man aus der Hand Gottes erhalten konnte. Die Vorstellung von einem Leben nach diesem Tod war in diesen Menschen noch nicht so lebendig, vielleicht überhaupt noch nicht da. Und deshalb war das Leben in *dieser* Welt so ungeheuer wichtig. Sinnvoll von Gott zu reden war nur möglich, wenn es glückliches Leben in dieser Welt gab. Und so wird für Hiob an seinem individuellen Leiden das grundsätzliche Leid des Menschseins sichtbar. Sein Schicksal ist für ihn kein Zufall, kein Ausnahmefall, sondern es ist das Geschick des Menschen überhaupt. „Mensch sein" bedeutet für ihn „leiden". Sein persönliches Schicksal übergreifend, fragt er deshalb grundsätzlich nach dem Verhältnis Mensch–Gott und stellt dessen Sinnhaftigkeit in Frage. Auch er ist groß geworden im Sprechen der frommen Gebete, etwa von Ps 8,5f (Das Lob auf den Menschen als Bild Gottes):

Was ist der Mensch, daß du seiner gedenkst,
der Menschensohn, daß du Sorge trägst um ihn.
Du hast ihn fast zu einem Gotteswesen gemacht,
hast ihn gekrönt mit Herrlichkeit und Hoheit
(8,5f).

Dieses Gebet sieht für Hiob anders aus; er parodiert es im siebten Kapitel so:

Was ist der Mensch, daß groß du ihn achtest,
auf ihn richtest deinen Sinn,
daß du Sorge trägst um ihn jeden Morgen,
(und ihn deswegen kontrollierst),
ihn prüfest jeden Augenblick (7,17f).

Hiob fühlt sich als Geschöpf seines Gottes von diesem Gott viel zu ernst genommen. Er fühlt sich als hilfloses Objekt dieser Allmacht, die ihn als Demonstrationsfigur mißbraucht. Sein leidvolles Dasein erscheint ihm als Folge dieser „Fürsorge" Gottes; als Folge deswegen, weil er sich als Geschöpf *dieses* Gottes verstehen muß. Deshalb die Bitte:

Wann endlich blickst du von mir weg,
läßt mich in Ruhe zum Speichelschluck (7,29).

Das ist die glatte Umkehrung der üblichen alttestamentlichen Bitte: Gott möge sein Antlitz vor den Menschen *nicht* verbergen (Ps 27,9; 69,18). Es ist die Umkehrung des liturgischen Segens, den dieser fromme Mensch oft selbst gehört hat: „Der Herr sei gnädig, er lasse sein Antlitz leuchten..." (Num 6, 23ff). Es ist die Zurückweisung der alttestamentlichen Verheißung: Gott werde sein Volk nicht im Stich lassen. So kommt Hiob zu der bitteren Erkenntnis, daß er wesensmäßig dem übermächtigen Schöpfergott hoffnungslos ausgeliefert ist. Vom übermächtigen Schöpfergott hat er nichts zu erhoffen. Die „theologisch" so kluge und richtige Frage seines Freundes Bildad:

Beugt Gott etwa das Recht,
krümmt Allwalt die Gerechtigkeit? (8,3),

sieht für Hiob im Kontext seines Leidens eben völlig anders aus:

Fürwahr, ich weiß: So ist's!
Wie wär' ein Mensch bei Gott gerecht? (9,2).

Denn wegen der Übermacht Gottes ist der Mensch ohne Macht. Recht hat immer nur, wer Macht hat. In einem Rechtsstreit mit Gott könnte der Mensch nie sich behaupten:

Wenn er beliebt, zu streiten mit ihm,
entgegnet er ihm von tausend nicht eins (9,3).

Gott schlägt den Menschen, ohne sich zu zeigen, heimtückisch wie ein Räuber:

Rafft er hinweg, wer hält ihn zurück,
wer sagt ihm: Was machst du da? (9,12).

Im Grunde wird dieser allmächtige Gott nicht einmal durch den verbalen Protest seines Opfers erreicht. Selbst im Bewußtsein seines Rechts bleibt dem Menschen nichts übrig, als sich diesem Gott, der ja sein Schöpfer ist, der der ist, der sein Leben hält, zu unterwerfen:

Wenn schon im Recht,
entgegne ich ihm nicht –
um Gnad' ich meinen Richter fleh' (9,15).

Die Relation Gott–Mensch ist für Hiob, wenn sie in Kategorien des Rechts umgriffen wird, vom Menschen aus gesehen, immer Rechtlosigkeit und Entrechtung. Ja, es stimmt, daß Gott das Recht niemals „beugt" noch „krümmt" (8,3) – weil er in seiner Macht eben immer festsetzt, was Recht ist. Aber dafür – so Hiob – „krümmt" er den schuldlosen Menschen:

Wenn ich auch ohne Schuld,
er böge doch mich krumm (9,20b).

Gegen diese schreckliche Erkenntnis bäumt Hiob sich auf. Wie es der Angeklagte vor Gericht zu tun pflegte, ruft er sein lapidares: „Schuldlos bin ich" (9,20a). Mag sein geschlagenes Leben ihn in den Augen seiner Umwelt für schuldig erweisen – das ist teilweise die Sicht der nachexilischen Theologie –, Hiob selbst hält daran fest, daß er für seine Krise, für sein Leiden keinerlei Verantwortung trägt und auch nicht bereit ist, um Gottes willen eine Verantwortung für sein Leiden auf sich zu nehmen. Dies zu verleugnen, bedeutet für ihn, sich selbst zu verleugnen. Sein unschuldiges Ich, das Festhalten daran, daß er schuldlos ist, ist sein letzter Schutzwall gegen seine Umwelt. Sein letzter Schutzwall auch gegen diesen Gott, den ihm seine Freunde predigen, gegen diesen Gott, der – so Hiob –

schuldlos wie schuldig –
allbeid er tilgt (9,22b).

Aber er kommt nicht los von seinem Gott. Er sieht sich gerade in seiner Unschuld von ihm herausgefordert – denn Unschuld gibt es ja für Hiob gerade nur vor seinem Gott. Und doch ist Gott *schuld* am Leiden seiner *Un*schuld. Deshalb fordert er seinen Freispruch. Er möchte wissen, warum er in dieser Krise leben muß. Das heißt für ihn, für den es ohne Zweifel ist, daß er keine Verantwortung trägt für dieses Leid, für ihn, für den es keine Zweifel gibt, daß er gerecht ist: das bedeutet für ihn, daß er Gott zum Eingeständnis zwingen möchte. Dann bleibt nur: Gott hat unrecht. Dann bleibt nur: Gott hat einen „faux pas“ in dieser Schöpfung begangen. Er greift das Motiv des Bildner-Gottes auf und illustriert Gott damit das Paradox seines Vorgehens:

Mich formten, schufen deine Hände,
dann wandtest und verschlangst du mich (10,8).

Gott hat Hiob liebevoll gestaltet und geschaffen wie ein Kunstwerk – und nun verschlingt er ihn mit der Wut eines wilden Tieres. Hiob erfährt Gott als seinen Feind von Anfang an. Gottes Schöpfung und Vorsehung zielen seines Erachtens nur darauf hin, Gefangene zu haben, die Gott quälen kann. In einem Wortspiel wirft er Gott die Zweideutigkeit seiner „Obhut“, seiner „Vorsehung“ vor:

Deine Obhut meines Odems wacht (10,12b).
Fehle ich, so wachst du meiner (10,14a),

d. h., deine Obhut nimmt mich in Schutz, fehle ich, so nimmst du mich in Haft.

So wandelt sich seine anfängliche Klage über die Wehsal seiner Existenz in die ausdrückliche Anklage gegen Gott.

Warum zogst aus dem Schoß meiner Mutter du *mich,*
verstarb ich nicht, eh' mich ein Auge sah? (10, 17).

Gottes Macht und Rechtsdiktatur beginnt für Hiob schon vom Mutterschoß an. Hiobs leidende und klagende Existenz ist im wesentlichen das Werk seines Schöpfers. Das ist Hiobs klare Absage an die hymnische Formel der priesterschriftlichen Schöpfungstheologie: „... und Gott sah alles, was er gemacht hatte, und siehe, es war sehr gut" (Gen 1, 31). In der Lesart Hiobs heißt das: „Und Hiob sah alles, was Gott gemacht hatte, und siehe, es war nicht gut." Der Gott, gegen den dieser schreiende Hiob kämpft, ist im Grunde derselbe Gott wie der seiner sadistischen Freunde. Aber dieser Gott, den auch er als den allmächtigsten Gott, als den Gott der berechenbaren Gerechtigkeit kannte, ist ihm über Nacht unglaubwürdig geworden. Und mit dieser Erfahrung ringt und kämpft er. Diese Erfahrung nimmt er so ernst, daß er sie nicht mit den abgezirkelten, abgeschmackten Theoremen zudeckt wie seine pastoralen Freunde. Diese Erfahrung der Fremdheit Gottes stürzt ihn in Verzweiflung, denn „was Gott an ihm, dem Unschuldigen, verübt, ist wider das Recht und darum widergöttlich"[10]. Eingebunden in die theologische Tradition von der vergeltenden Gerechtigkeit, kann Hiob seine Lebenssituation, sein Leiden und das ihm überkommene Gottesbild nicht in Einklang bringen. Jetzt, da die fromme Gleichung von Lehre und Leben durch das Leid zerrissen ist, kann er seine Gotteserfahrung und seinen Willen, an Gott festzuhalten, nur noch in gegensätzlichen Bildern und sich inhaltlich widersprechenden Benennungen Gottes verbalisieren.

Einen letzten Versuch, seine Vorstellung vom gerechten Gott für sich zu retten, macht er, indem er versucht, einen Augenblick den „Zorn Gottes" als einen zeitlich begrenzten emotionalen Ausbruch Gottes für den Verursacher seines Leidens zu halten:

Oh, bärgst du mich im Totenland,
verstecktest mich, bis um dein Zorn (14,13).

Aber er erkennt bald, daß die Rede vom augenblicklichen, vorübergehenden Zorn Gottes nicht ausreicht, um das Ausmaß und die Radikalität seines Geschlagenseins zu begründen. Deshalb sein Vorwurf, daß Gott ihn in seiner Person total in Frage stellt und ihn in einem Kampf vernichtend treffen will:

Laß wissen mich, warum du mich niedertrittst (10,2).

Und doch: Immer wieder durchbricht Hiob die Erfahrung seines Leidens, indem er sich vertrauensvoll an den Gott seines früheren Lebens wendet. Er erinnert sich an Gotteserfahrungen, in denen er einen liebenden Gott spürte, in denen er glücklich war. Er hofft, daß ihm von diesem früheren Gott her, dem er sich in aller Aufrichtigkeit stellen will, Gerechtigkeit widerfahre:

Stritte in der Fülle der Macht er mit mir?
Nein, grad er ging auf mich ein!
Dort würd' ein Redlicher rechten mit ihm,
retten würd' ich für immer mein Recht (23,6–7).

Dieses wunschhafte Sichversichern Gottes steigert er zu der stolzen Gewißheit:

Ich weiß, ich kriege Recht (12,18).

Und in kühnster Formulierung gibt er Gott gleichsam einen neuen Namen, der sein Wesen definieren soll, in dem er die Erfahrung aussprechen will, die er gerade in seinem An-Gott-fest-halten-Wollen macht:

So wahr Gott lebt, der preisgibt mein Recht (27,2).

Das ist eine wahrhaft häretische Uminterpretation der traditionellen Schwurformel, die schwört: „So wahr Gott lebt, der der Retter Israels ist", oder: „So wahr Gott lebt, der der Helfer seines Volkes ist."

Nun ist sie der gesteigerte Ausdruck des eigentlichen Leids Hiobs.

So wahr Gott lebt! – er möchte festhalten an diesem Gott; und doch erfährt er ihn als einen, der preisgibt sein Recht. Gerade Hiob, der seine ganze Existenz auf Gott gründen möchte, erfährt sein Leben als die absolute Gottferne. Gott scheint ihm nicht nahe, sondern fern zu sein, denn er zerstört das letzte, worauf er doch Anspruch zu haben meint: sein Recht! Das Paradoxon dieses ambivalenten Gottesbildes kann Hiob nicht aushalten. An ihm muß er zerbrechen – falls nicht ein anderer Weg sich auftut, in dem dieser Teufelskreis durchbrochen wird, in dem die Alternative des leidenden Hiob und die Alternativen der leidenden Menschen aller Zeiten lauten:

Entweder ist Gott gerecht –
dann bin ich ungerecht,
oder ich bin gerecht –
dann ist Gott ungerecht;
entweder ist Gott allmächtig
– dann ist er sadistisch, mich
leiden zu lassen,
oder Gott ist nicht allmächtig
– dann brauche ich mich nicht
um ihn zu kümmern, denn er kann mir nicht helfen.

Das heißt aber in letzter Konsequenz: Dieser Teufelskreis ist nicht aus sich aufzubrechen, d. h., in diesem Teufelskreis ist Leiden nicht zu bewältigen, ist Leiden nicht annehmbar. An der Klage des leidenden

Menschen zerbricht das Bild eines nur allmächtigen und nur allgerechten Gottes; zerbricht das Bild, das Gott vorwiegend definiert als den, der allmächtig und allgerecht ist. An der Realität des leidenden Menschen zerbricht das, was die Wissenschaft die Theodizeefrage nennt, die Frage, wie Gott angesichts des Leidens gerecht genannt werden kann. Angesichts des Leides ist diese Frage nicht beantwortbar oder nicht stellbar. Die Kategorien „Macht" und „Gerechtigkeit" taugen nicht, um mit dem leidenden Menschen von Gott zu reden. Hinter diese Erkenntnis des Hiobbuches, hinter diese Erkenntnis der Bibel, sollten wir *nie* mehr zurückfallen! – auch nicht aus gutgemeintem pastoralem Pathos.

5. Solidarität des mitleidenden Gottes

Das Hiobbuch versucht in seinem zweiten Teil einen Raum aufzuweisen, in dem allein Leid angenommen und zugleich von Gott gesprochen werden kann. Die beiden Pole, um die sich dieser Raum wie ein Kraftfeld bildet, sind in zwei kleinen unscheinbaren Sätzchen des Hiobbuches zusammengefaßt. Es ist einmal die Einleitungsformel, mit der die große Gottesrede (Hiob 38ff) eingeführt wird:

> *Und Jahwe antwortete dem Hiob aus dem Wettersturm (38,1).*

Das zweite Sätzchen lautet:

Und Hiob antwortete Jahwe und sprach:
Vom Hörensagen nur hatte ich von dir vernommen;
jetzt aber hat mein Auge dich geschaut!
Ob dem ich schmelze hin
und atme auf in Staub und Asche (42,1.5f).

Das erste Sätzchen – auf den ersten Blick vielleicht eine mehr oder weniger banale Einleitungsformel – ist theologisch deswegen so wichtig, weil die Anrede Gottes und der Gottesname in der gesamten Hiobdichtung vorher nicht Jahwe heißt, sondern El (der kanaanäische Gottesname) oder Schaddai (der Allmächtige). Hier antwortet nicht Schaddai, sondern *Jahwe.* Hier antwortet der, den Israel erfahren hat im Exodus, in der Herausführung aus der leidvollen Situation der Sklaverei in Ägypten. Hier antwortet der, der sich selbst in Ex 3,14 vorstellt:

Ich bin, der bei euch da ist (Ex 3,14):
als der, der euch nah sein will,
als der, der euch Leben geben will,
als der, der euch Freiheit geben will.

Wenn hier also in der Einleitungsformel steht: „Und *Jahwe* antwortete ...“, dann wird die Erinnerung wachgerufen an diesen Gott, den Israel in seiner Geschichte erfahren hat als die tragende, fundamentale Wirklichkeit.

Und das andere Wort: „Jahwe antwortete aus dem *Wettersturm*", muß verstanden werden als Anspielung an die großen Texte, in denen von den Gottesbegegnungen Israels mit dem Gott des Lebens und der Freiheit erzählt wird, etwa den Texten der Gottesbegegnung am Sinai (Ex 19–34). Dieser Gott, der Gott des Lebens und der Freiheit, antwortet nicht den theologischen Freunden Hiobs, nicht denen, die meinten, sie müßten diesen Gott retten vor dem leidenden Hiob, sie müßten diesem kranken, leidenden und schreienden Menschen ein vorfabriziertes Gottesbild predigen. Nein – Jahwe antwortet dem klagenden Hiob.

Zwischen diesen beiden Sätzen, der Einleitungsformel, daß Jahwe geantwortet hat, und der Formel, daß Hiob diesem Jahwe geantwortet hat, stehen nun freilich Sätze, die uns Modernen reichlich ungewohnt und schwer verständlich sind. Ohne auf die Klagen Hiobs einzugehen, überfällt ihn Gott mit einer Fülle von Fragen, die sich wie eine erhabene Demonstration nun gerade doch dieses allmächtigen Schöpfergottes und wie eine Demonstration der totalen Unwichtigkeit des Menschen ausnehmen. Auf den ersten Blick möchte man Ernst Bloch recht geben, der sarkastisch meint: Gott „antwortet auf moralische Fragen mit physikalischen, mit einem Schlag aus unermeßlich finster-weisem Kosmos gegen beschränkten Untertanenverstand". „Mit all dem wäre Hiob nicht überführt, gar überzeugt, sondern nur nochmals geschlagen, geistig erschlagen, durch metabasis eis allo genos, nämlich in die vorprophetische, ja vorkanaanitische Dämonie."[11] Dieser Gott, der hier spricht, ist – so meint Bloch fälschlicherweise – ein Naturdämon und nicht der Gott Israels. Aber man darf hier nicht übersehen: Der ganze Fragenkatalog ist gestaltet mit dem Stilmittel der Ironie:

Du weißt es, weil damals geboren,
gar groß die Zahl deiner Tage (38,21).

Es wirkt wahrhaft ironisch, wenn Gott die Einsicht Hiobs in die verborgensten Tiefen des Daseins anerkennend bestätigt. Aber die Ironie zielt nicht darauf ab, Hiob lächerlich zu machen. Diese Gottesrede will vielmehr in ihm erreichen, daß er sich noch einmal des Ernstes, des Anspruchs und letztlich auch der Unmöglichkeit seiner Worte bewußt wird. Diese Gottesrede stellt ihn in die äußerste Entscheidung, ob er seine maßlose Forderung aufs letzte durchhalten will, um daran zu zerbrechen:

Sträubt sich der Allwaltstreiter,
der Gottankläger, entgegnet er? (40,2).

Nichtigst du [Hiob] wirklich mein Urteil,
sprichst schuldig mich, daß recht du behältst?
(40,8).

Die Gottesrede versucht noch einmal, aufzudekken, daß mit Fragen nach Recht und Gerechtigkeit Leiden nicht als Leben bewältigt werden kann, daß die Fülle der Wirklichkeit Gottes nicht reduziert werden kann auf die zwar imposante, aber unmenschliche und ungöttliche Dimension einer numinosen Übermacht!

Die Frage „Nichtigst du, Hiob, wirklich mein Urteil, sprichst schuldig mich, daß recht du behältst?" soll ihm die Augen öffnen über dem, „wessen er sich im Endsinn seines Redens und Verhaltens vermaß" [12] und wonach er sich letztlich ausstreckte: Gott gleich sein zu wollen und im Grunde nur die Rollen zu vertauschen, nämlich: an die Stelle des allmächtigen und allgerechten Gottes einen allmächtigen und allgerechten Menschen setzen zu wollen – nicht diesen Teufelskreis zu durchbrechen, sondern in diesem Teufelskreis nur die Rollen zu tauschen.

Schmück mit Hoheit dich und Hehre,
in Prunk und Pracht dich gewande! (40,10).

Und so, mit den Würden der königlichen Gottesherrschaft bekleidet, soll er allein durch seinen Blick – „Schau an alles Hohe, und senk's; schau an alles Hehre und beug's" (40,11 ff) – sich gerade an dem Punkt des Weltgefüges handelnd bewähren, an dem seine Revolte sich entzündet hat. Er soll dem Recht zum Sieg verhelfen, bildlich gesprochen: die Frevler „beugen" bis in den „Staub" hinein (40,12 ff). Wenn er sich fähig dünkt, dieses göttliche Richteramt zu erfüllen, dann verheißt ihm Gott die Anerkennung und Verehrung, die ansonsten ihm, Gott, vom Menschen entgegengebracht wird:

Auch ich lobpreise dich dann,
weil Sieg deine Rechte dir schafft (40,14).

Damit ist aber die Situation aufs äußerste zugespitzt: „Wenn Hiob die Herrschaft antreten und die Verantwortung für das Durchsetzen einer allgemein einsichtigen und gerechten Weltordnung übernehmen wollte, müßte er sich als den, der Gott gleich sein will, sogleich selber vernichten. Der Augenblick, der ihn zum Herrscher erhöbe, stempelte ihn gleichzeitig zum todeswürdigen Verbrecher! Die Aufforderung, alles Hochmütige zu erniedrigen und zu demütigen, bezieht sich daher zugleich auf Hiob selbst. Er muß sich entscheiden, ob er in seinem bisherigen Verhalten verharren oder sich zu einem ganz neuen und anderen durchzwängen will.“[13]

Die Gottesrede dokumentiert noch einmal: Die Kategorien Macht und Recht taugen nicht, die Wirklichkeit des leidenden Lebens, die Wirklichkeit dieser Schöpfung und damit auch die Wirklichkeit des Gottes dieses Menschen, des Gottes dieser Schöpfung, zu erfassen. Und so versucht das Hiobbuch in der Antwort Hiobs einen anderen Ansatz. Die Antwort ist von erstaunlicher Prägnanz und Einfachheit. Sie hebt sich dadurch von der reichen und ausgeprägten Bildersprache der gesamten Dichtung ab mit dem Effekt einer um so eindrucksvolleren Überzeugungskraft. In der Reaktion bedingungslosen Vertrauens:

Sieh, ich erliege (40,4),

bekennt er sie Aufgabe seines Rechtsstandpunktes. Die reflektierende Frage:

Was antworte ich dir? (40,4),

zeigt vordergründig eine plötzliche fundamentale Rat- und Hilflosigkeit, offenbart jedoch, tiefer gehend, eine Neuartigkeit des Gotterlebens und Gottesbildes, das kein Fragen nach Gerechtigkeit, kein Fragen nach Macht und Ohnmacht mehr kennt, sondern:

Die Hand ich mir leg' auf den Mund (40,4),

und er bekennt:

Ich habe dich erkannt (42,2).

„Erkennen" bedeutet im biblischen Sprachgebrauch mehr als „Einsehen des Intellekts". „Erkennen" bedeutet „erfaßt werden von einer Person". Hiobs Gottesbild, das er sich vom Hörensagen aus Lehre und Tradition zurechtgelegt hatte, ist zerbrochen. Der Gott der Gerechtigkeit, der Gott der Allmächtigkeit – an seine Stelle ist Jahwe getreten, der Gott, der Leben, Güte und Liebe ist. Ihn hat er – so zunächst die biblische Metapher – „geschaut":

Doch jetzt mein Auge dich schaute (42,5).

Ob dem ich schmelze hin
und atme auf in Staub und Asche (42,6).

Das sind Metaphern eines Ereignisses, das wir theologisch Gottesbegegnung nennen würden. Nicht ein vorgeschriebener Raum, nicht Raum von Macht und Gerechtigkeit, sondern Gottesbegegnung, Gotteserfahrung in Kategorien personalen Sprechens: Ich habe dich geschaut – Jahwe antwortete – Hiob antwortete. Hiob sieht Gott nicht mehr als den nur allmächtigen Schöpfer, sondern er glaubt an das Gehaltensein alles Geschaffenen in Gottes lebendiger Güte. In der Zusage der Treue zu seiner Schöpfung ergeht an Hiob das Angebot, in freiheitlicher Entscheidung in eine neue als die einzig wirkliche Gottesbeziehung zu treten, in der er sich vorbehaltlos und bedingungslos diesem Gott als einem Gott der Liebe überlassen kann.

Die Theologie des Buches Hiob ist demnach die unendliche Frage, die dem Menschen eine Gottesgemeinschaft als Raum heilvollen Existierens anbietet. Die dichteste Form dieser Frage ist die Erfahrung des Leides. Will Hiob Mensch sein, kann er diese „unendliche Frage (die Gott ihm durch sein Leben stellt) nicht auf sich beruhen lassen, die ihn umschließt und die allein sich selbst beantwortet, weil sie ist und nichts hat, was sie von außen beantworten könnte, die sich selbst beantwortet, wenn sie in Liebe angenommen wird“ [14].

Diese unendliche Frage des ihm vorgegebenen, des ihn *zuerst* liebenden Gottes trifft Hiob so sehr, daß er sie annimmt.

Vom Hörensagen ich hörte von dir,
doch jetzt mein Auge dich schaute –
ob dem ich schmelze hin
und atme auf in Staub und Asche (42,5–6).

Hiob erkennt, daß der leidvolle Einbruch in sein Leben die unendliche Frage Gottes an ihn ist, daß sie seine Begegnung des Glaubens mit dem liebenden Gott ist, die er mit bedingungsloser Liebe beantwortet. Im Ringen Hiobs um sein Selbstverständnis zerbricht das verkrustete Gottesbild, dem Hiob ebenso wie seine Freunde ursprünglich verhaftet ist. Die Annahme seines ganzen Lebens, auch seines Leides, aus der Hand Jahwes jenseits der Jahwe festlegenden Kategorien von Lohn und Strafe, von Recht und Gerechtigkeit öffnet ihm die Augen für Jahwe, wie Israel ihn im Urerlebnis des Exodus erfahren hat: als den, der nahe sein will auch im Leid, der im Leid mitleiden will. Die Erinnerung an *Jahwe*, die Annahme Jahwes als der fundamentalen Wirklichkeit seines Lebens ist die Grunderfahrung, von der her die Leiderfahrung Hiobs einen anderen Stellenwert erhält. Sein Leid hört damit nicht auf, Leid zu sein, aber es erhält eine andere Stelle. Der Glaube, von Jahwes Liebe fundamental angenommen zu sein, ermöglicht es Hiob, sich selbst anzunehmen – auch in der Situation seines Leidens. Hier wird das Kraftfeld sichtbar, in dem Leid nicht nur ertragen, sondern aufgenommen und mit Sinn angefüllt (wenn auch nie voll *aus*gefüllt) werden kann: es ist das Kraftfeld der bedingungslosen Liebe, in der der liebende Mensch nicht primär nach der Ursache des Leids fragt, sondern versucht, auch im Leid dem liebenden Gott seine Liebe zu zeigen.

Diese (auch im zwischenmenschlichen Bereich gelebte!) Praxis könnte das Modell sein, nach dem Leiden angenommen und zugleich von Gott gesprochen werden kann. Das ist die in der Leidensgeschichte des Hiobbuches angedeutete und in der Leidensgeschichte Jesu offenbar gewordene Einladung zu christlicher Praxis im Leid. Für uns Christen ist vor allem der leidende Jesus von Nazareth das Zeichen, daß Gott im Leiden des Menschen liebend mitleidet.

Die jüdische Theologie hat den Glauben an den in Liebe mitleidenden Gott besonders stark entfaltet. Zwar ist Gott – so heißt es da – vollkommen und das Gute schlechthin. Aber es ist eine Realität, daß seine Welt unvollkommen ist und daß es in seiner Welt Leid gibt. Und dieser gute Gott will auch die dunkle Seite der irdischen Wirklichkeit in sich aufnehmen, um so alles in allem zu sein und den unendlichen Abstand zwischen Schöpfer und Schöpfung, zwischen Allmacht des Schöpfers und Ohnmacht des Geschöpfes, in Liebe zu überbrücken. Deshalb will Gott selbst leiden. Er will durch Unglück und Tod der Menschen in das Böse und Unvollkommene miteindringen; denn nur so ist seine Vollkommenheit auch nach der dunklen Seite hin möglich. Und so leidet Gott mit seinen Knechten. Das Leiden der Menschen ist zugleich Mitleiden (nicht nur Mitleid!) Gottes. Deshalb spricht die jüdische Tradition immer wieder davon, daß die Schechina, die offenbar gewordene

Seite Gottes, selbst mit in die Verbannung Israels gezogen ist, daß Gott selbst über den Brand seines Tempels weint, daß Gott mit den Leidenden leidet. Im Midrasch Rabbah (Ex R 2, 5) heißt es: „R. Yannai sagte: Es verhält sich dabei so wie mit Zwillingen. Wenn der eine Kopfschmerzen hat, so fühlt sie der andere ebenfalls. So spricht auch der Heilige, gelobt sei er: ‚Mit ihm bin ich in der Bedrängnis' (Ps 91, 15) ... Die Schrift sagt: ‚In all ihrer Bedrängnis war er (Gott) bedrängt' (Jes 63, 9). Der Heilige, gelobt sei er, sprach zu Moses: ‚Fühlst du nicht, daß ich leide, sooft Israel leidet?'"

Es ist offenkundig, daß wir hier an Interpretationen des Leidens rühren, die dem Judentum und dem Christentum gemeinsam sind – die biblisch sind. Auch christlich gesehen, ist es ja Gott selbst, der im Leiden seines Sohnes Jesus von Nazareth das Leid der Welt annimmt. Nur die Akzente werden etwas anders gesetzt. Während das Christentum das Mitleiden Gottes vor allem im einmaligen Leiden Jesu sieht und darüber Gefahr läuft, in den leidenden Menschen das Gesicht des leidenden Jesus zu übersehen, ist das Judentum seinem Wesen gemäß stärker pluralistisch, kollektivistischer und läßt Gott im Leiden seiner Knechte, ja im Leiden aller Kreatur mitleiden[15]. Eine besondere Ausprägung des Glaubens an den mitleidenden Gott hat die jüdische Tradition gestaltet in der Legende vom verborgenen, leidenden Messias, „der irgendwo schon immer da ist und den eine tiefsinnige Legende nicht umsonst am Tage der Tempelzerstörung geboren sein läßt"[16]. Er ist unterwegs mit all den leidenden, kranken, verfolgten Menschen. Er ist verborgen, bis die Erlösung dieser Welt vollzogen ist. „Dieser ständig gegenwärtigen Chance entspricht die Vorstellung des in der Verborgenheit ständig wartenden Messias, die viele Formen angenommen hat, freilich keine großartigere als jene, welche in einer maßlosen Antizipation den Messias unter die Aussätzigen und Bettler an den Toren Roms, in die Ewige Stadt versetzt hat" (G. Scholem, a.a.O. 135). In dieser jüdischen Legende ist der Glaube an den mitleidenden Gott so weit vorangetrieben, daß Leid hier angenommen wird aus Solidarität mit dem mitleidenden Gott, aus Solidarität mit dem mitleidenden Messias. Nun gilt nicht nur: Gott leidet mit dem Menschen, sondern zugleich: Der Mensch nimmt sein Leid an, um das zu ergänzen, was an den Leiden Jesu Christi noch fehlt (vgl. Kol 1,24). „In der Gestalt des leidenden, verhöhnten, unterliegenden und sterbenden Messias erfährt das Leiden seine letzte Apotheose. Die Dornenkrone wird zur Krone des Reiches Gottes. Ein Schimmer von der Aureole, die den leidenden Messias umstrahlt, fällt auf alle, die mit ihm leiden, auch auf den geringsten unter seinen Brüdern. So wird dem Leiden letztlich eine messianische Würde gegeben, und in dieser Umdeutung liegt das Geheimnis der siegreichen Dulder beschlossen."[17] Also: Annahme des Leidens aus Solidarität mit dem mitleidenden Gott!

6. Christliche Praxis im Leid

Aber ist diese Rede vom mitleidenden Gott und vom Leiden aus Solidarität mit dem mitleidenden Gott nicht eine besonders subtile und fromme Ideologie? Eine noch gefährlichere Leidenspastoral als die, die von der Allmacht und von der Leidenspädagogik spricht? Ist es nicht ein Morphium, das Leid und Tod, Krankheit und Einsamkeit trügerisch verklärt? Ist das nicht die Aufforderung zu fatalistischem, masochistischem Sichbeugen vor der größeren Macht des Schicksals? Ist diese Rede vom mitleidenden Gott nicht gerade schuld daran, daß soviel Leid, soviel Ungerechtigkeit, soviel Not in der Welt ist, weil die Christen mit ihrem Reden vom leidenden Gott, vom leidenden Christus so tatenlos zusehen, statt die Welt zu ändern, statt alle ihre Energien für den Fortschritt der Medizin, der Gesellschaft und die Verwirklichung der Menschenrechte einzusetzen? Hat das Gerede der Christen vom Kreuztragen nicht Welt und Menschen noch mehr gekreuzigt, als dies ohnehin der Fall ist? Sollte es wirklich so gewesen sein und noch so sein – dann hätten wir Christen das Kreuz Jesu pervertiert, dann hätten wir die theologische Bedeutung der Hiobsgestalt nicht begriffen.

Diese theologische Bedeutung der Hiobsgestalt für eine humane Praxis ist zuallererst einfach das, was Pilatus im Evangelium des Johannes sagt, als er den mißhandelten Jesus zu den Juden hinausführt: „Seht her, das ist der Mensch!“ (Joh 19,5.) Das habt *ihr* aus dem Menschen gemacht! Der Mensch ist nicht jenes gleichgültige, selbstbewußte, stolze, erfolgreiche, dem Besitz und dem Ansehen nachjagende Wesen, wie ihr den Menschen definiert, wie ihr ihn (besonders in eurer Werbung) euch vorgaukelt. Der Mensch ist jenes geplagte, oft mißhandelte und unverstandene zerbrechende Wesen, das ihr am liebsten totschweigt! Und vor allem: Vergeßt nicht, auch die geschundenen, zerschlagenen und gescheiterten Menschen sind und bleiben Menschen, in denen Gott mitleidet, in denen das Leben Gottes auf dem Spiel steht. Das Hiobbuch will uns zuallererst die Augen für diese Wirklichkeit öffnen: Menschliches Dasein ist leidendes und durchkreuztes Dasein. Aber: Durchkreuztes Dasein heißt nicht: Kreuz und Leid in unserem Leben unbedingt suchen oder: anderen in ihrem Leben unbedingt ein Kreuz errichten wollen. Auch Jesus hat sein Kreuz nicht gesucht. Es ist ihm aufgezwungen worden. „Eine Leidensmystik, die selbstquälerisch Schmerz, Leid und Tod geradezu herbeisehnt, ist nicht auf der Linie der Kreuzesnachfolge Jesu. Schmerz bleibt Schmerz, Leid bleibt Leid: man soll das nicht umdeuten, glorifizieren, ihm Lust abgewinnen wollen. Leid und Schmerz sind und bleiben ein Angriff auf das Leben des Menschen.“ [18]

Dasein im Zeichen des Kreuzes Jesu und christliche Praxis im Angesicht von Leid bedeuten auch nicht, durchkreuztes Dasein einfach tatenlos hinzunehmen. Wie ernst es Jesus mit seiner Forderung der mitmenschlichen Solidarität gerade im Leid war, hat er mit dem Ernst seines Sterbens bewiesen. Sein Leiden und Sterben am Kreuz ist das erschütternde Zeichen, mit dem er uns aufrütteln will, in seiner Nachfolge alles zu tun, um gegen Leid, Schmerz, Einsamkeit, Not und Verzweiflung anzugehen. Eine Kirche und Christen, die im Namen Jesu lieber auf das Jenseits vertrösten, statt die gesellschaftliche Wirklichkeit zu verändern, die Ursache von durchkreuztem Dasein ist, statt Solidarität mit leidenden Menschen im Höchstmaß zu praktizieren, machen das Kreuz Jesu zu einem Narrenpfahl. Und eine Gesellschaft, in der Menschen immer mehr werden, die meinen, ihre menschliche Verantwortung vor ihren leidenden, kranken und alten Mitmenschen mit Geld loszuwerden, und in der jene Menschen immer weniger werden, die es als Erfüllung ihres Lebens, ihres christlichen Lebens, ansehen, für diese Menschen dazusein – eine solche Gesellschaft ist unchristlich und unmenschlich!

Die Rede von der Solidarität des mitleidenden Gottes ist eine Blasphemie, wenn sie nicht die Solidarität der mitleidenden und mithelfenden Menschen aus sich entläßt. Der Auftrag zu dieser Solidarität ist das Vermächtnis des am Kreuz sterbenden neutestamentlichen Hiob. Er überträgt seiner Kirche und denen, die sich nach ihm Christen nennen, nicht die Sorge um Gott, sondern die Sorge um den Menschen – in der Kraft der Liebe des mitleidenden Gottes. Der Jesuitenpater Alfred Delp hat dies im Angesicht des Todes im KZ so formuliert: „Die Kirchen scheinen sich (hier) durch die Art ihrer historisch gewordenen Daseinsweise selbst im Wege zu stehen ... Wir sind trotz aller Richtigkeit und Rechtgläubigkeit an einem toten Punkt. Immer noch liegt der ausgeplünderte Mensch am Wege ... Man muß, glaube ich, den Satz ernst nehmen: Was gegenwärtig die Kirche beunruhigt und bedrängt, ist der Mensch. Der Mensch außen, zu dem wir keinen Weg mehr haben und der uns nicht mehr glaubt. Und der Mensch innen, der sich selbst nicht glaubt, weil er zuwenig Liebe erlebt und gelebt hat.“ [19]

Die liebende Annahme des Leidens und der Glaube an einen liebenden Gott auch im Angesicht des Leids ist einem leidenden Menschen nur möglich, wenn er selbst Annahme erfahren hat und erfährt in mitleidender, mittragender und mitlebender menschlicher Solidarität. Sich selbst annehmen kann nur, wer sich von anderen als angenommen erfahren hat und erfährt. Und sich von Gott angenommen glauben kann nur, wer Annahme durch Menschen erfahren hat.

7. Noch einmal: die ewige Frage nach dem Sinn des Leidens

Und was ist mit jenen Leidenden, die keine Annahme erfahren, die ihr Leiden nicht annehmen können – nicht weil sie bösen Willens sind, nicht weil sie selbst nicht Christen sind, nicht weil sie Unmenschen sind, sondern weil sie unmenschlich leiden. Weil sie über die Maßen leiden! Weil ihr Leiden sinnlos ist! Auch dieses Leiden schreit laut oder stumm nach menschlicher Solidarität mindestens in der Klage über diese ungezählten Leidenden, in der Klage des Nichtvergessens dieser Leidenden. Nach Praxis von Solidarität, die zwar jenes sinnlose oder vergangene Leiden nicht mehr sinnvoll machen kann, aber doch jene Leidenden nicht totschweigt, nicht vergißt, sondern sich gedrängt weiß zu Formen des Mitleidens, die Annahme des Leidens – wo immer – ermöglichen – gerade in der mitleidenden Erinnerung, im Gedächtnis an die vielen sinnlos Leidenden.

Auf die Frage nach dem Sinn des Leidens gibt es keine Antworten, durch die Leiden aufhören würden, Leiden zu sein. Auch in der Bibel gibt es solche Antworten nicht. Leiden ist nicht ein theoretisches Problem, das es zu *ver*stehen gilt. Leiden ist eine Situation, die allein durch Praxis zu *be*stehen ist. Und dazu will uns das Buch Hiob Impulse geben.

Zweiter Teil

Gebete des biblischen Hiob

1. Denk daran, daß mein Leben nur ein Hauch ist (7, 1–11)

Ist nicht Kriegsdienst des Menschen Leben auf der Erde?
Sind nicht seine Tage die eines Tagelöhners?

Wie ein Knecht ist er, der nach Schatten lechzt,
wie ein Tagelöhner, der auf den Lohn wartet.

So wurden Monde voll Enttäuschung mein Erbe,
und Nächte voller Mühsal teilte man mir zu.

Lege ich mich nieder, sage ich: Wann darf ich aufstehn?
Wird es Abend, bin ich gesättigt mit Unrast, bis es dämmert.

Mein Leib ist gekleidet in Maden und Schorf,
meine Haut schrumpft und eitert.

Schneller als das Weberschiffchen eilen meine Tage,
der Faden geht aus, sie schwinden dahin.

Denk daran, daß mein Leben nur ein Hauch ist,
nie mehr schaut mein Auge Glück.

Kein Auge gewahrt mich, das nach mir sieht,
suchen mich deine Augen, dann bin ich nicht mehr da.

Die Wolke schwindet, vergeht,
so steigt nie mehr auf, wer zur Unterwelt fuhr.

Nie kehrt er zurück in sein Haus,
nie mehr erblickt ihn sein Ort.

So wehre ich nicht meinem Mund,
bedrängten Geistes will ich reden,
mit betrübter Seele will ich klagen.

In diesen zwei Strophen, die von der Sprache der Klagepsalmen geprägt sind, kommt die Gebrochenheit des leidenden Menschen zu sich selbst (erste Strophe) und zu seinem Gott (zweite Strophe).

In zwei dichten Bildern, die in einem sich steigernden Parallelismus entfaltet werden, artikuliert sich zunächst die Last des Lebens, an der der leidende Mensch trägt. Kriegsdienst, Frondienst, Sklaverei und das harte Schicksal des Tagelöhners – das sind die Dimensionen, in denen er sich selbst und sein Leben erfährt. Was einst dem Jahwevolk in der Sklaverei Ägyptens von seiten des Pharao (vgl. Ex 1) und im Babylonischen Exil durch die Feinde Jahwes (vgl. Jes 40,2) widerfuhr, das empfindet er nun am eigenen Leib. Und es ist für ihn keine Frage, daß es Jahwe selbst ist, der ihm diese Fron seines Leidens auferlegt hat (vgl. 10,17).

Sein Leid hat ihn zum Menschen zweiter Klasse gemacht: er fühlt sich wie ein „Tagelöhner" oder ein

Fremder, die ohne Grundbesitz und deshalb ohne die Rechte des Vollbürgers sind und sich selbst verbrauchen müssen, wenn sie am Leben bleiben wollen. Schlimmer noch: Während für den Sklaven der Schatten des Abends kommt, in dem er sich von der Last des Tages ausruhen kann, und während der Lohnarbeiter wenigstens in der Erwartung des vereinbarten Lohnes Motivation und Kraft zum Durchhalten findet, sieht dieser leidende Mensch ob der Tiefe seines Leidens kein vergleichbares Ziel. Sein Leid ist ein einziger Teufelskreis, in dem er am Morgen nach dem Abend und am Abend nach dem Morgen schreit. Solange es Morgen und Abend gibt, ist die Unrast des Gejagtseins von Leid seine Nahrung. Stöhnen und Klagen der Angst vor jedem weiteren Augenblick eines solchen Daseins sind die einzige Speise, von der er lebt (vgl. 3,24) und vor der er sich zugleich unendlich ekelt (vgl. 6,7). Nicht er selbst hat sich dieses leidende Leben gewählt. Es ist das „Los“ (hebr.: naḥ^{a}lāh = Erbbesitz), das ihm zufiel!

Die begeisternden Töne, die sein Volk mit diesem Wort verbindet, dem das Land, das von Milch und Honig fließt, durch Jahwes „Los“ zugeteilt wurde, sind für ihn zur schrillen Dissonanz geworden. Sein „Los“ ist ein Leben, das sich zu endloser Nacht gewandelt hat: nicht Lust, sondern „Mühsal“ ist ihm das Leben, zu dem er gezwungen wird. Mit diesem Wort, mit dem auch Qohelet häufig die Qual des Menschseins charakterisiert, widerspricht das Hiobbuch der optimistischen Sicht der ihm zeitgenössischen Weisheitstheologie, die Glück und Erfolg als Inhalt echten gottgeschenkten Lebens preist. Dieser Gott hat den leidenden Hiob vergessen, verraten – oder nie gekannt? Hiob zumindest fühlt sich nicht als das Bild oder die lebendige Statue, die Jahwe in diese Welt als sein eigenes Abbild gestellt hat, um durch sie in dieser Welt gegenwärtig zu sein. Nicht mit königlicher Pracht umkleidet und gottwesengleich gestaltet (vgl. Ps 8, 6) ist er, sondern „in Gewürm gewandet". So sehr wird ihm am eigenen Leib („die Haut mir eitert") der in ihn gelegte Keim des Todes erfahrbar, daß er sein Ende unabwendbar nahen sieht. Die Fäden seines Lebens verbrauchen sich in der Eile eines Webschiffchens, das von der einen Seite des Webstuhls auf die andere eilt. So schwinden seine Tage dahin „ohne Hoffnung" (dieses Textelement fehlt in der deutschen „Einheitsübersetzung"!), d.h. ohne die erhoffte Wende seines Leidens. Oder gibt es für ihn doch Kraft und Hoffnung? Der Ruf „Denk daran" (eigentlich: „Gedenke"), mit dem Hiob sich zu Beginn der zweiten Strophe an Gott wendet, scheint den Teufelskreis zu durchstoßen und in den von Jahwe in der Glaubensgeschichte seines Volkes eröffneten Raum seiner heilvollen Nähe einzudringen. Mit der Bitte „Gedenke" hatte einst Mose das Angesicht Jahwes „besänftigt", der über den Abfall des Gottesvolks zum Goldenen Kalb erzürnt war (vgl. Ex 32,7–14). Jahwes „Gedenken" ist ein Sicherinnern seines tiefsten

Wesens, das Güte und Rettung aus jeglicher Not ist. Vor allem in den Psalmen soll dieser flehende Imperativ das rettende Eingreifen Jahwes herbeirufen und damit die ersehnte Wende von Not und Unheil herbeiführen (vgl. Ps 74,2; 89,51; 106,4; 132,1; 137,7).

Jahwes „Gedenken“ bewirkt nach biblischer Vorstellung das, was er denkt. Gedenkt er der Hinfälligkeit des Menschen, so nimmt er sich seiner voll Güte an (vgl. Ps 8,5) und sorgt um den Staub, den er geformt hat, wie ein Vater um seine Kinder (vgl. Ps 103,13f). Wendet sich Jahwe in solchem Gedenken Hiob zu, wäre seiner Not das Schreckhafte und Ausweglose genommen; er könnte wieder anfangen zu leben! Freilich ist dieser Ruf nur wie das kurze Aufflackern eines Lichtes in einem tödlichen Dunkel. Für dieses „Gedenken“ bleibt Jahwe nicht mehr viel Zeit. Denn „Hauch“ nur ist Hiobs Leben, ein inhaltloses Nichts (vgl. das Motto des Qohelet: „Windhauch, Windhauch, sagt Qohelet, Windhauch, Windhauch, alles ist Hauch!“). Es ist wie der Wind (vgl. Jes 41,29; Jer 5,13), der vorbeiweht und nie mehr zurückkehrt (Ps 78,39). Wie die Wolke, die sich in der Hitze des frühen Morgens in Palästina schnell auflöst und für immer verschwunden ist. So vergänglich und nichtig muß sich ein Mensch empfinden, der nur noch ein Schmerzenskreis der Qualen ist: Er „ist“ nichts mehr, was man sehen und wahrnehmen kann. Selbst von Gott gilt: „Suchen mich deine Augen, dann bin ich nicht mehr da.“ Ein ungeheuerliches Bild: Der helfende Blick des gütigen Gottes kommt zu spät! Er kann nur noch hilflos nachschauen, wie der leidende Hiob „hinabfuhr in die Scheol", in das Reich des Todes, an dessen Pforten nach alttestamentlicher Auffassung der Machtbereich des lebendigen Gottes zu Ende ist. Gerade das aber kann Hiob nicht hinnehmen: Er will nicht hinnehmen, daß am Zerbrechen seiner Hoffnung Jahwe selbst „scheitert". Deshalb muß er klagen – für sich! Deshalb muß er anklagen – für Jahwe! Er darf seinen Blick nicht von Jahwe abwenden, selbst wenn dieser Blick nur noch stumm stammeln kann: „Gedenke!"

2. Zum Ekel ist mein Leben mir geworden (10,1–12)

Zum Ekel ist mein Leben mir geworden,
ich lasse meiner Klage freien Lauf,
reden will ich in meiner Seele Bitternis.

Ich sage zu Gott: Sprich mich nicht schuldig,
laß mich wissen, warum du mich befehdest.

Nützt es dir, daß du Gewalt verübst,
daß du das Werk deiner Hände verwirfst,
doch über dem Plan der Frevler aufstrahlst?

Hast du die Augen eines Sterblichen,
siehst du, wie Menschen sehen?

Sind Menschentagen deine Tage gleich
und deine Jahre wie des Mannes Tage,

daß du Schuld an mir suchst,
nach meiner Sünde fahndest,

obwohl du weißt, daß ich nicht schuldig bin
und keiner mich deiner Hand entreißt?

Deine Hände haben mich gebildet, mich gemacht;
dann hast du dich umgedreht und mich vernichtet.

Denk daran, daß du wie Ton mich geschaffen hast!
Zum Staub wirst du mich zurückkehren lassen.

Hast du mich nicht ausgegossen wie Milch,
wie Käse mich gerinnen lassen?

Mit Haut und Fleisch hast du mich umkleidet,
mit Knochen und mit Sehnen mich durchflochten.

Leben und Huld hast du mir verliehen,
deine Obhut schützte meinen Geist.

Wer wie Hiob leidet, dem wird sein Leben verleidet. Ekel und Widerwillen vor jedem weiteren Augenblick solchen Lebens sind die einzigen „Lebenszeichen", die Hiob bleiben – und seine Klage! Sie ist ihm geblieben. Sie läßt er sich von niemandem nehmen, auch nicht von seinem Gott. Solange er wenigstens noch klagen kann, kann er hoffen, doch noch gehört zu werden. Der einleitende Abschnitt spricht aus, was ihn besonders bedrückt. Im Sinne der traditionellen Vergeltungstheologie ist sein Leiden Zeichen seiner Schuld. Das aber kann und will er *so einfach* nicht akzeptieren. Ob er wirklich schuldig ist, sollte zumindest in einem formellen Rechtsverfahren geklärt werden: „Sprich mich nicht schuldig!“ Es gibt in den Augen des leidenden Hiob keine Schuld, die das Ausmaß seines Leids rechtfertigen könnte. Deshalb fordert er öffentlichen Freispruch und Auskunft darüber, warum Gott ihn durch das Leid gewissermaßen auf die Anklagebank versetzt hat: „Laß mich wissen, warum du mich befehdest!“ Er kann hinter seinem Leid nur einen streitsüchtigen und rechtsbrecherischen Gott sehen, der ihm gegenüber seine Macht ausspielt. „Laß mich wissen“ und „warum“ – das sind die Schreie, die so oft schon die Nächte der Schmerzen erschüttert haben!

In drei sich steigernden Fragen artikuliert Hiob im zweiten Abschnitt seine Anklage. Es sind keine distanzierten Feststellungen, sondern Fragen, in denen letztlich die erhoffte Antwort schon mitschwingt. Alle drei Fragen appellieren im Grunde an Gottes Jahwe-Sein, das Gott nach Meinung Hiobs durch das ihm zugefügte Leid selbst in Frage stellt. Ist Gott denn wie die Menschen, die Nutzen daraus ziehen wollen, daß sie andere mit „Gewalt“ überfallen und niederhalten? „Gewalt“ ist doch Kennzeichen der Gottlosen: Assur „verübte Gewalt“ gegen das Gottesvolk (Jes 52,4), und Räuber „verüben Gewalt“, um anderen ihr Eigentum wegzunehmen (Ez 18,18). Vor allem leiden die Armen und Rechtlosen unter der „Gewalt“ der Großen und Mächtigen (vgl. Ps 72,4; Dtn 24,14). Als Anwalt und Schützer gegen alle Not von Gewalt aber gilt in der Tradition des Jahweglaubens Jahwe selbst: „Als sie gering noch an Zahl waren, wenige nur und Gäste im Lande, als sie zogen von Stamm zu Stamm, von einem Reich zum anderen Volk: da ließ er nicht zu, daß einer an ihnen Gewalt verübe!" (Ps 105, 12–14.) Genau das aber scheint nun nicht mehr zu gelten. Jahwe selbst verübt an Hiob Gewalt! Stimmt denn nicht, was Spr 14,31 sagt: „Wer am Geringen Gewalt verübt, schmäht dessen Schöpfer"? Indem Jahwe Hiob, das „Werk seiner Hände", an das er doch soviel Mühe und Sorgfalt verwandt hat, so unmenschlich leiden läßt, kompromittiert er letztlich doch sich selbst! „Werk seiner Hände" sind Israel und der Israelit, weil Jahwe selbst in sie seine Lebenskraft, sich selbst, investiert hat.

„Jahwe, du bist doch unser Vater! Wir sind der Ton, du bist unser Bildner, das Werk deiner Hände sind wir alle" (Jes 64,7). Wird nicht durch das Leid, das Hiob nur als „Verwerfen" begreifen kann, der Lobpreis aufgehoben, mit dem Jahwe selbst sich über seine Schöpfung freute, als er sah, daß sie gut war? Schlimmer noch: Können nicht böse Menschen sich hinfort auf Jahwe selbst berufen, wenn sie Menschen quälen und gewalttätig unterdrücken wollen? Können sie sich nicht auf die Apotheose der Gewalt, die in Hiobs Leid „aufstrahlt" beziehen, wenn sie Böses „planen"? Wem also „nützt" es, daß Hiob leidet? Am allerwenigsten doch Jahwe selbst!

Oder läßt Gott Hiob leiden, weil er nur „die Augen eines Sterblichen" hat und nur „sieht, wie Menschen sehen"? Nur oberflächlich? Nur ein Detail, von dem er sich gefangennehmen läßt? Ist Gott „kurzsichtig" oder „parteiisch" wie einer, der nur das sieht, was er sehen will oder was ihn bestätigt? Oder hat Gott gar etwas Falsches gesehen – und Hiob muß nun die Konsequenzen dieses göttlichen Ver-sehens tragen?

Und abermals setzt Hiobs Frage an: Bist du denn Mensch und nicht Gott? Hast du nicht den göttlichen langen Atem, der geduldig und weitherzig ein Leben sich vollenden läßt – um dann erst ein Urteil abzugeben? Ist Gott denn kurzlebig wie ein Mensch, der Angst haben müßte, er könnte nicht genügend Zeit haben, um festzustellen, was er von Hiob halten solle? „Sind Menschentagen deine Tage gleich, daß du nach meiner Sünde fahndest?" Mußt du denn Leid als Foltermethode einsetzen – du, der Gott des Lebens und der Freiheit? Soll ich durch Leid zu einem Schuldbekenntnis gezwungen werden, „obwohl du weißt, daß ich nicht schuldig bin"? Bitternis und Vertrauen zugleich sprechen sich schließlich in dem Satz aus: „und keiner mich deiner Hand entreißt!" In Zeiten des Glücks ist dieses Ganz-in-den-Händen-Jahwes-Sein Erfahrung völliger Geborgenheit. Aber jetzt in der Zeit des Leidens – sind das noch die Hände Gottes oder die Krallen eines Raubtiers? (Vgl. Hos 5,14.)

Mit dem Stilmittel der hymnischen Sprache versucht Hiob schließlich im dritten Abschnitt, das Paradoxe seiner Situation zu ironisieren. Welchen Widerspruch leistet sich Gott in ihm und in allen Leidenden? Was ist das für ein Gott, der die Menschen mit soviel Hingabe entworfen und gebildet hat – und sich dann wie ein Raubtier umdreht, um sie zu „vernichten“ bzw. zu „verschlingen“ (Grundbedeutung des verwendeten hebräischen Wortes). Mit Bildern, die Jahwes Schöpfungsengagement unterstreichen sollen, soll wieder hervorgehoben werden, daß es nicht um Hiob, sondern um Jahwe selbst geht! Welch eigenartiger Töpfer ist das nicht, der ein schönes Gefäß auf seiner Töpferscheibe dreht – und es dann achtlos zerschmettert und auf den Abfallhaufen wirft? Welch eigenartiger Schöpfergott ist das, der sogar bei der Entstehung des Embryos (die Bilder von der gerinnenden Milch sind zeitgenössische anthropologische Vorstellungen!) mit am Werk ist – und dann den fertigen Menschen fallenläßt?

Ja, welch widersprüchlicher Gott ist das, der, indem er sein Geschöpf fallenläßt, doch zugleich ein Stück seiner selbst fallenläßt? Denn Menschen gibt es nur, weil Jahwe ihnen selbst in seiner Huld Leben verleiht. Das ist doch der Inhalt des biblischen Schöpfungsglaubens: Jahwe ist „mit“ jedem einzelnen Menschen, der in diese Welt kommt. Erst dadurch „lebt“ er eigentlich, daß Lebenskraft Jahwes in ihm lebt (vgl. Gen 2,7) – daß er in die Lebensgemeinschaft und „Obhut“ Jahwes aufgenommen ist! Will Jahwe sich im leidenden Hiob selbst widerlegen?

3. Für den Baum besteht noch Hoffnung, doch stirbt ein Mann, so bleibt er kraftlos (14, 1–12)

Der Mensch, vom Weibe geboren,
knapp an Tagen, unruhvoll,

geht wie die Blume auf und welkt,
flieht wie ein Schatten und bleibt nicht bestehen.

Doch über ihm hältst du dein Auge offen,
und ihn bringst du ins Gericht mit dir.

Kann denn ein Reiner von Unreinem kommen?
Nicht ein einziger!

Wenn seine Tage fest bestimmt sind
und die Zahl seiner Monde bei dir,

wenn du gesetzt hast seine Grenzen,
so daß er sie nicht überschreitet,

schau weg von ihm! Laß ab,
daß er seines Tages sich freue wie ein Tagelöhner!

Denn für den Baum besteht noch Hoffnung,
ist er gefällt, so treibt er wieder,
sein Sprößling bleibt nicht aus.

Wenn in der Erde seine Wurzel altert
und sein Stumpf im Boden stirbt,

vom Dunst des Wassers sproßt er wieder,
und wie ein Setzling treibt er Zweige.

Doch stirbt ein Mann, so bleibt er kraftlos,
verscheidet ein Mensch, wo ist er dann?

Die Wasser schwinden aus dem Meer,
der Strom vertrocknet und versiegt.

So legt der Mensch sich hin, steht nie mehr auf;
die Himmel werden untergehn, eh' er erwacht,
eh' er aus seinem Schlaf geweckt wird.

Was geht in einem Menschen vor, der wie Hiob leidet? Er empfindet sich nicht als Einzelfall, der als Un- oder Zufall zwar rätselhaft, aber im Blick auf das Ganze oder den Normalfall doch tolerierbar wäre. Für den leidenden Menschen gibt es diesen „Ausnahmefall" nicht. Für ihn spielt sich an ihm selbst Entscheidendes ab. An seinem Schicksal ereignet sich Grundlegend-Menschliches. An seinem zerbrechenden Menschsein wird die Gebrochenheit und Vergänglichkeit menschlichen Daseins überhaupt deutlich. Der leidende Mensch ist Bild aller Menschen: Ecce homo!

Wer ist dieser Mensch schon? Vom schwachen Weibe geboren, ist er selber schwach. Sein Leben ist „knapp an Tagen", die ihm durch Unrast und Unruhe noch mehr verkürzt werden. Kaum blüht er auf, wird er hinweggerafft wie die Blumen im Frühjahr, die nach dem kräftigen Spatregen in Palästina aus dem Boden schießen „wie die Pilze" und vom heißen Wüstenwind, der den kommenden Sommer anzeigt, rasch verdorrt und versengt werden. Er ist vergänglich wie ein Schatten, der unaufhaltsam kleiner wird, wenn die Sonne ihrem Höhepunkt zustrebt. In den Bildern schwingt tiefe Wehmut mit, die der empfinden muß, dem eine herrliche Blume buchstäblich vor den Augen verdorrt oder dem die Kühle eines erquikkenden Schattens „wegläuft", ohne daß er irgend etwas dagegen vermag. Das ist die Realität menschlichen Lebens: Sterben von Anfang an!

Und doch empfindet Hiob noch etwas anderes: In all seiner Flüchtigkeit und Vergänglichkeit, in der er selbst sich kaum in den Blick bekommt, weiß er sich gesehen – von „deinem Auge"! Dieses Auge läßt ihn nicht aus dem Blick – und das empfindet er als eine ungeheuere Belastung. Wie soll er, der hin- und hergejagt wird wie ein Schatten seiner selbst, diesem Auge standhalten können? Ja, er protestiert dagegen, im Blickfeld dieses Auges – wie ein gehetztes Tier vor den Augen seines Jägers – leben zu müssen.

Was soll diese fortwährende „Beobachtung", wo doch von vorneherein feststeht: „Kann denn ein Reiner von Unreinem kommen? Kein einziger!" Auch er, Hiob, beansprucht nicht, eine Ausnahme unter den Menschen zu sein – warum also diese Menschenjagd, als die er sein Leid empfindet.

Wie tief muß ein Mensch von Leid getroffen sein, daß das Auge Gottes ihm so zuwider ist! Wenn schon das Leben des Menschen so kurz und vergänglich ist, dann „schau weg von ihm"! Warum muß ein ohnehin so kurzes Leben noch durch Leid zerstört werden? Warum darf der Mensch, der seine ihm festgesetzten Möglichkeiten nicht überschreiten kann, nicht die Form des Lebens wählen, die er will? Ist nicht die Mühsal des alltäglichen Lebens, vergleichbar der Mühsal des Tagelöhners, längst genug, daß Gott diesem Leben auch noch Leid hinzufügt?

Wie soll der Mensch da noch leben *wollen* und *können?* Woher soll ein so abgrundtief leidender Mensch noch Kraft zur Hoffnung finden? Solange jemand hofft, ist er am Leben. Aber der leidende Mensch hat es diesbezüglich schlechter als ein Baum. Haut man einen Baum um, weil man sein Holz braucht oder weil man einen veralteten Nutzbaum verjüngen will, so „lebt" er weiter: er schlägt wieder aus und bringt neue Sprößlinge hervor, die sich zu einem neuen Baum auswachsen! Selbst wenn ein Baum vor Alter buchstäblich im Boden abstirbt – es genügt ein „Dunst des Wassers" (er braucht nur Wasser zu riechen!), und schon sproßt er wieder. Das Weizenkorn, das stirbt, bringt viele Frucht... Und der Mensch? „Stirbt er, so bleibt er kraftlos! Verscheidet er, wo ist er dann?" Das ist die Erfahrung des Todes als der unerbittlichen Grenze menschlichen Lebens.

Wir sollten die Härte dieser Worte nicht vorschnell überspringen und christlich „taufen" wollen. Diese Worte sind ja nicht als dogmatische Lehrsätze formuliert, sondern als Klage und Frage eines Menschen, der in seinem Leid dem Geheimnis des Todes begegnet, das *er selbst* nicht zu *durch*schauen vermag, an dem er aber auch nicht *vorbei*schauen will. So artikuliert er elegisch seine widersprüchliche Selbsterfahrung. Auf der einen Seite weiß er sich ganz eingebunden in das Glaubensbewußtsein seines Volkes, in dem dieses sich selbst und seine einzelnen Glieder nicht anders denn als „hoffend" begreifen kann. Mensch sein heißt für den alttestamentlichen Menschen ein durch und durch Hoffender sein, d.h. einer, der ganz ausgespannt und ausgestreckt ist nach der Zukunft, die ihm sein Gott schenkt. Hoffen heißt in diesem Sinn: jeden neuen Augenblick seines Lebens aus der Hand Jahwes entgegennehmen wollen. Hoffen heißt sich selbst als Geschenk Jahwes verstehen. Wer hofft, hat alle Dynamik seines Lebens davon, daß Gott selbst das Leben seines Volkes und des einzelnen führt – wie er an Abraham, Isaak, Jakob, Mose und Jesus erwiesen hat!

Wie aber soll ein Mensch wie Hiob in dieser Hoffnung leben, dem Gott selbst doch buchstäblich das Lebenswasser abgegraben hat? Wie soll das für ihn noch Leben bedeuten, wo Leben für ihn doch heißt: von seinem Gott her hoffen? Was soll er von einem solchen Gott noch erhoffen – zumal doch stimmt: „Verscheidet ein Mensch, wo ist er dann?“ Soll Hiob etwa glauben, daß Gott sich um die Toten kümmert, wenn er sich nicht einmal um die Lebenden kümmert? An dieses Paradoxon kann er nicht glauben. Voll wehmütiger Ironie unterstreicht er die Tiefe des Grabens, den man in einem derartigen Glauben überspringen müßte: Ehe dies geschieht, daß den Toten neues Leben geschenkt wird, stürzt die Feste des Himmels ein! Ähnlich paradoxe Redeweise („Die Himmel werden untergehn, eh' er erwacht“ deutet, auch wenn der deutsche Text es nahelegen könnte, auf keinen Fall die „Auferweckung am Jüngsten Tage“ an) scheint in den beiden (nicht ganz klaren) Sätzchen „Die Wasser schwinden aus dem

Meer, der Strom vertrocknet und versiegt“ vorzuliegen: Eher schwindet alles Wasser aus dem Meer oder einem stark fließenden Strom, als daß ein Toter Hoffnung haben könnte!

Es ist das erschütternde Gebet eines Leidenden, der in der dunklen Nacht der Hoffnungslosigkeit sich nicht mit „vorläufigen“ Tröstungen und Hoffnungen abspeisen läßt, sondern nach dem allein tragenden Grund echter Hoffnung Ausschau hält und an ihm festhält, auch wenn er selbst sich von ihm nicht gehalten erfährt: „Mein Gott, warum hast du mich verlassen ...?“

„Und nun, Herr, worauf soll ich hoffen?
Auf dich allein will ich harren“ (Ps 39,8).

4. Ich weiß: Mein Erlöser lebt (19,13–27)

Meine Brüder hat er von mir entfernt,
meine Bekannten sind mir entfremdet.

Meine Verwandten blieben aus,
die Gäste meines Hauses haben mich vergessen.

Als Fremder gelte ich meinen Mägden,
von anderem Stamm bin ich in ihren Augen.

Rufe ich meinem Knecht, so antwortet er nicht;
mit eigenem Mund muß ich ihn anflehn.

Mein Atem ist meiner Frau zuwider;
die Söhne meiner Mutter ekelt es vor mir.

Buben selbst verachten mich,
stehe ich auf, verhöhnen sie mich.

Alle meine Gefährten verabscheuen mich,
die ich liebe, lehnen sich gegen mich auf.

An Haut und Fleisch klebt mein Gebein,
nur das Fleisch an meinen Zähnen blieb.

Erbarmt, erbarmt euch meiner, ihr, meine Freunde!
Denn Gottes Hand hat mich getroffen.

Warum verfolgt ihr mich wie Gott,
warum werdet ihr an meinem Fleisch nicht satt?

Daß doch meine Worte geschrieben würden,
in einer Inschrift eingegraben

mit eisernem Griffel und mit Blei,
für immer gehauen in den Fels!

Doch ich, ich weiß: Mein Erlöser lebt,
als Letzter erhebt er sich über dem Staub!

Ohne meine Haut, die so zerfetzte,
und ohne mein Fleisch werde ich Gott schauen.
Ihn selber werde ich dann für mich schauen,
meine Augen werden ihn sehen, nicht mehr fremd.
Danach sehnt sich mein Herz in meiner Brust.

Hiob muß die schreckliche Erfahrung aller Leidenden machen: Leid isoliert! Der Kreis seiner Freunde und Verwandten, die in der Zeit des Glücks ihn und sein Haus genossen, wird kleiner und kleiner – bis schließlich niemand mehr kommt. Der

„entfremdende" Graben, den das Leid zwischen den Menschen schlägt, wird nur zu oft zum Grab der Freundschaft! Das Hauspersonal macht einen großen Bogen um Hiob, als wäre er „von anderem Stamm". Selbst „der Knecht", der ihm früher jeden Wunsch von den Augen ablas (vgl. Ps 123, 2), tut so, als wäre er nicht mehr existent. Es trifft ihn zutiefst, daß seine eigene Familie ihn als Last empfindet. Ja, er muß feststellen, wie Frau und Kinder sich insgeheim oder offen vor ihm „ekeln". Mag sein, daß diese Asozialität seiner Umgebung zunächst nur aus der bekannten Hilflosigkeit entspringt, mit der die Gesunden den Kranken, die Glücklichen den Leidenden, die Lachenden den Weinenden aus dem Weg gehen. Doch wer wie Hiob getroffen ist, wird solches Verhalten nur noch als weiteren unmenschlichen Schlag spüren müssen: „Warum verfolgt ihr mich wie Gott?"

Der so Geschlagene, dessen Ruf nach Erbarmen ungehört verhallt, möchte seine Worte der Klage, seinen Schrei nach Gerechtigkeit, seine Bitte um Rettung festgehalten wissen. Seine Worte, die er „mit eisernem Griffel und mit Blei in Fels gehauen" sehen möchte (die Buchstaben sollen zuerst in Felsen gemeißelt und dann mit Blei ausgegossen werden, damit sie möglichst lange und bei daraufscheinender Sonne weithin sichtbar seien!), sollen auch nach seinem Tod für seine Unschuld zeugen. Aber er verwirft diesen nur eben aufblitzenden Gedanken sehr rasch. Denn eine unheimliche Gewißheit erfüllt ihn plötzlich: „Doch ich, ich weiß: Mein Erlöser lebt!" Das hebräische Wort für „Erlöser" *(goel)* ist ein familienrechtlicher Fachterminus: der goel ist ein Verwandter, der seinem in Not geratenen Verwandten hilft. Er „löst" den aus, der in Schuldsklaverei gefallen ist. Er kauft Familienbesitz zurück, den ein anderer aus der Familie veräußern mußte. Und schließlich erweist sich einer als goel, wenn er in einem Rechtsverfahren für den Angeklagten – sei es als Anwalt, sei es als Zeuge – die rettende Wende herbeiführt. Es gehört zur alten Glaubenssprache Israels, Jahwe selbst als den goel seines Volkes zu bezeichnen. Als der Pharao das Gottesvolk unterdrückte, da griff Jahwe selbst ein und „löste" sein Volk mit Gewalt aus (vgl. Ex 6,6; 15,13). Und in der Not der babylonischen Verbannung drängt sich der Ruf über die Lippen des tödlich getroffenen Volkes: „Du bist doch unser Vater... ‚Unser goel von jeher' wirst du genannt" (Jes 63,16). Seit Jahwe sich im Exodus Israel als sein „Volk", als seine „Verwandtschaft" erworben hat, agiert er als dessen „goel": es gehört zu seinem innersten Wesen, den Rechtlosen ihr Recht zu verschaffen.

Als der Exodus-Gott ist er der, der bei den Seinen da ist (vgl. Ex 3,14). Er will sie nicht verlassen, weil sie Teil seines eigenen Lebens geworden sind: „Kann denn eine Frau ihr Kind vergessen, eine Mutter ihren eigenen Sohn? Und selbst wenn sie ihr Kind vergessen würde: Ich vergesse dich nicht!" (Jes 49,15.) Das ist die Zusage Jahwes, die sich Hiob nicht aus der Hand schlagen läßt – nicht einmal von Jahwe selbst, der ihn mit Leid überschüttet hat. Selbst wenn ihn seine ganze Familie abschreibt – Jahwe, sein „goel"-Verwandter, wird das nicht tun! Dieser goel „lebt": der „Lebendige", das ist der Titel, mit dem er im Eid angerufen wird. Er ist „lebendig", weil er nicht wie ein Götze sich selbst genügt, sondern mit seinem Volk eine Lebensgemeinschaft eröffnet hat. Er ist der „Lebendige", weil er sich treffen läßt von der Not der Seinen. Und er ist vor allem der „Lebendige", weil er die Fülle des Lebens ist und nicht den Tod, sondern das Leben der Menschen will.

Die Erinnerung und der Appell an diesen seinen „Verwandten", der der Lebendige schlechthin ist, erfüllen Hiob mit der unheimlichen Gewißheit, daß seine Leidensgeschichte nicht wie eine bürgerliche Verbrechergeschichte enden wird. Sein Ende wird nicht die Ver-endung im Nichts, sondern die Vollendung in Gott sein. Zwar bleibt die Aussage des Textes ziemlich unbestimmt (von einer Totenauferweckung, wie sie etwa in der Übersetzung der lateinischen Bibel und in der Väterexegese unserer Stelle begegnet, ist noch nicht die Rede) – vielleicht trifft uns aber gerade die Reduktion auf das Wesentliche, die hier vollzogen ist: Ich werde ihn schauen! Er, der der Erste ist, ist auch „der Letzte" (vgl. Jes 44,6; 48,12): allem Anschein zum Trotz ist er der alles und alle Umfassende. Hiob ist gewiß: Mag seine Haut zerfetzt und sein Fleisch zerfressen sein – wer sich wie er nach Jahwe sehnt, dem muß der liebende Blick Jahwes begegnen. Und das ist seine „Erlösung", wenn ihm das Angesicht Jahwes „nicht mehr fremd und feindlich", sondern als Antlitz des mit ihm leidenden Gottes aufleuchtet (vgl. Hiob 42,6). Ob er diese Gotteserfahrung erst nach seinem Tod oder noch zu Lebzeiten erwartet (der Text bleibt hier offen), mag da erst die zweite Frage sein. Für Hiob ist entscheidend: Wer bei Jahwe ist, ist im Bereich des Lebens. Und danach „sehnt sich sein Herz in seiner Brust".

Eine christliche Meditation wird diese Worte nicht ohne Blick auf den neutestamentlichen Hiob bedenken. Was im alttestamentlichen Text Ausschauhalten bleibt, ist in der neutestamentlichen Glaubensgeschichte ereignishafte Wirklichkeit geworden. In der Auferweckung Jesu hat sich Jahwe als der „Löser" (goel) schlechthin erwiesen und den Auferweckten zugleich zum „Löser" eingesetzt, in dem uns die göttliche Kraft der mitleidenden Liebe Jahwes offenbar wurde.

5. Wüßte ich doch, wie ich ihn finden könnte (23, 2–17)

Auch heute ist meine Klage Widerspruch;
schwer lastet seine Hand auf meinem Seufzen.

Wüßte ich doch, wie ich ihn finden könnte,
gelangen könnte zu seiner Stätte.

Ich wollte vor ihm das Recht ausbreiten,
meinen Mund mit Beweisen füllen.

Wissen möchte ich die Worte, die er mir entgegnet,
erfahren, was er zu mir sagt.

Würde er in der Fülle der Macht mit mir streiten?
Nein, gerade er wird auf mich achten.

Dort würde ein Redlicher mit ihm rechten,
und ich käme für immer frei von meinem Richter.

Geh' ich nach Osten, so ist er nicht da;
nach Westen, so merke ich ihn nicht;

nach Norden, sein Tun erblicke ich nicht;
bieg' ich nach Süden, sehe ich ihn nicht.

Doch er kennt den Weg, den ich gehe;
prüft er mich, ich ginge wie Gold hervor.

Mein Fuß hielt fest an seiner Spur,
seinen Weg hielt ich ein und bog nicht ab.

Das Gebot seiner Lippen gab ich nicht auf;
seines Mundes Worte barg ich im Herzen.

Doch er bleibt sich gleich; wer stimmt ihn um?
Wonach ihn gelüstet, das führt er aus.

Ja, er vollendet, was er mir bestimmt hat;
und Ähnliches hat er noch viel im Sinn.

Darum erschrecke ich vor seinem Angesicht;
denk' ich daran, gerate ich in Angst vor ihm.

Gott macht mein Herz verzagt,
der Allmächtige versetzt mich in Schrecken.

Denn bin ich nicht von Finsternis umschlossen,
bedeckt nicht Dunkel mein Angesicht?

Hier betet ein Mensch, dem sein Gott zum unergründbaren Rätsel geworden ist. Menschliche Worte, vor allem wenn sie in der Pose der Belehrung vorgetragen werden, wie dies die Freunde Hiobs tun, helfen ihm nicht weiter. Er sucht die unmittelbare Auseinandersetzung mit seinem Gott. Seine Klage wird zum „Widerspruch“, zur Revolte. Er will sich weder von seinen Freunden noch von seinem Gott zwingen lassen, die „schwer auf ihm lastende Hand“ der Übermacht Gottes für einen Segensgestus dieses Gottes zu halten. Hiob ist der Prototyp des „aktiv“ leidenden Menschen: er will weder sich selbst noch seinen Glauben an Gott durch das Leid zerstören lassen. Und deshalb will er seinem Gott – ehrlich und offen – ins Angesicht widerstehen: „Wüßte ich doch, wie ich ihn finden könnte!“ Er ist überzeugt davon, daß sein Leiden etwas mit seinem Gott zu tun hat. „Um Gottes willen“ will er sich mit ihm auseinandersetzen. Nicht die in unserer Neuzeit beliebt gewordene Denkfigur „Ich leide, also gibt es Gott nicht!“ erfüllt ihn, sondern der Wunsch der alttestamentlichen Frommen, Jahwe möge sich doch nicht so lange verbergen vor ihm. Der Aufschrei „Geh' ich nach Osten, Westen, Süden und Norden, so ist er nicht da“ entspringt der tiefen Sehnsucht, ganz von Jahwe umfangen und getragen zu sein (vgl. Ps 139,8f). Jahwe ist für Hiob gerade nicht der ferne, unbeteiligte, übergroße Gott, den nichts trifft und den man nicht treffen kann.

Weil Jahwe „der Gott der Lebenden und nicht der Toten“ ist, darf, ja muß Hiob mit ihm kämpfen – wie einst Jakob mit ihm rang (vgl. Gen 32,23–33). Unser Text schildert zwar diesen „Kampf" mit den sprachlichen Mitteln des Rechtsstreits (dem Selbstplädoyer Hiobs müßte der „Richter" Jahwe recht geben und den „Ankläger" Jahwe in die Schranken weisen!), aber dieser „Gotteskampf" Hiobs ist nicht weniger von Leidenschaft getragen als das Ringen eines Jeremia (vgl. Jer 15,10ff) oder eines Mose (vgl. Dtn 3,23–28)! Immer ist dieses Ringen ausgelöst von einem Glauben, der sich seine einmal erfahrene Verwurzelung in Jahwe durch nichts nehmen lassen will – und diese Verwurzelung, wenn es sein muß, sogar gegen Jahwe selbst verteidigt, wie dies die folgende kleine Geschichte aus der Chronik des Salomon Ibn Verga „Schewet Jehudah" (1550) verdeutlichen mag: „Ich hörte von alten Emigranten aus Spanien, daß ein Schiff mit Flüchtlingen von der Pest heimgesucht wurde. Der Kapitän warf sie auf einem unbekannten Ort ans Land. Viele starben vor Hunger, einige wenige rafften sich auf und gingen, bis sie etwa einen bewohnten Ort fänden. Einer der Juden hatte seine Frau und zwei kleine Söhne mit sich. Die Frau, des Marschierens ungewohnt, wurde schwach und starb. Der Mann trug die Kinder weiter, bis er ohnmächtig niedersank. Als er aufwachte, fand er beide Söhne tot. In seinem Schmerz stand er auf und sprach: ‚Herr der Welten! Viel tust du, damit ich meinen Glauben aufgebe. Wisse aber, daß ich sogar den Himmelsbewohnern zum Trotz ein Jude bin und ein Jude sein werde. Da wird nichts nützen, was du auch über mich gebracht hast und noch über mich bringen magst!' Dann raffte er ein wenig Staub und Gräser auf, bedeckte damit die toten Kinder und ging seines Weges, um eine bewohnte Stätte zu suchen." [20]

Wer so sprechen kann, ist nicht ein Michael Kohlhaas der religiösen Rechthaberei, sondern ein zutiefst Glaubender, der sich selbst treu bleiben will, um darin seinem Gott treu zu bleiben. So ist auch Hiob überzeugt, daß es gar nicht darum geht, daß er durch Leid zu einem zerknirschten Sündenbekenntnis gezwungen werden soll („Prüfte er mich, ich ginge wie Gold hervor!"). Nein, sein Leiden ist *sein* Schauen Jahwes: „Darum erschrecke ich vor seinem Angesicht." Er verwechselt nicht den „Gott der Liebe" mit dem „lieben Gott" der religiösen Traktatliteratur. Deshalb ist seine Revolte die ehrliche Konsequenz seiner tiefen Bindung an seinen Gott. Wer im letzten so liebt wie Hiob, *muß* so kämpfen wie er. Für eine Zeitung, die einer wegnimmt, wird kaum einer kämpfen. Und Leute, die ihr Parteibuch mit der neuen Regierung wechseln, werden ebenfalls kaum für ihre Überzeugung leiden. Was aber soll ein Mensch tun, dem ein geliebter Mensch genommen werden soll? Und was soll Hiob tun, dem sein Glaube, der tragende Grund seines Lebens, buchstäblich am eigenen Leib ausgetrieben werden soll? Ihm bleibt der Schrei: „Ich lasse dich nicht, bis du mich gesegnet hast!" (Gen 32, 27.)

Anstelle eines Schlußwortes

Eine kleine Geschichte mag zusammenfassen, wie christliche Praxis im Leiden aussehen kann:

„Herbert B. erfuhr am Telefon, daß er Vater eines Jungen geworden war. Es sei alles in Ordnung, sagte die Schwester. Als er am nächsten Morgen seine Frau im Krankenhaus besuchen wollte, nahm ihn die Stationsschwester beiseite, führte ihn in ein Zimmer, von dem aus er durch eine Glasscheibe seinen Sohn sah. Ganz sachlich erklärte ihm der Arzt: ‚Ihr Kind ist ohne Ohren geboren. Sie müssen auch damit rechnen, daß es mongoloid ist.' Der Vater sah das verunstaltete, häßliche Gesicht. Er wollte es nicht wahrhaben, daß dies sein Sohn sein sollte. Frau B. schreibt in ihr Tagebuch: Am anderen Morgen kam Herbert, und dann haben wir zu zweit geweint. Wir haben warum und wieder warum gefragt.

Sie überlegten, ob etwas Auffälliges während der Schwangerschaft geschehen sei, ob in ihrer Familie so etwas vorgekommen sei. Sie konnten es sich nicht erklären. Auch die Ärzte konnten ihnen nicht helfen. Einer, ein junger Arzt, setzte sich nach der Visite an ihr Bett. ‚Sie werden fragen, wie so was kommt', sagte er und sprach von Einwirkungen unbekannter Viren und Strahlungen, ‚manchmal gibt es solche Webfehler Gottes.' Vierundzwanzig Stunden nach der Geburt kam die nächste Erschütterung. Frau B. schreibt in ihr Tagebuch: Er trinkt nichts. Er schluckt nicht. Sein Mund öffnet sich nur zu einem winzigen Spalt. Kirschkerngroß. Die Ärzte sagen, sein Kieferknochen sei verkürzt. Heute bringt man ihn ins Spezialkrankenhaus. H. kommt.

Seine Augen leuchten wieder. ‚Er soll leben', sagt er. ‚Er soll sehen, daß er einen Vater hat. Ich fürchte die anderen Menschen und das, was sie sagen werden, nicht mehr. Ich dachte immer wieder an einen Vers aus der Bibel: Er hatte keine Gestalt und Schöne, er war so verachtet, daß man das Angesicht vor ihm verbarg. Und irgend etwas Besonderes, dachte ich, muß er doch zum Ausgleich haben.'"

(H. v. Kuenheim, Das Leben des Christoph B.,
in: „Die Zeit" vom 24. 5. 1968)

Anmerkungen

[1] *D. Sölle*, Leiden (Stuttgart 1973) 35.
[2] *J. Brenning* u.a., Leid und Krankheit im Spiegel Religiöser Traktatliteratur, in: Theologia Practica 7 (1972) 302–315.
[3] A.a.O. 313.
[4] A.a.O. 310.
[5] Vgl. *C. Westermann*, Der Aufbau des Buches Hiob (Tübingen 1956) 27.
[6] Vgl. *M. Veit*, Gebet und Engagement, in: Evangelische Erziehung 24 (1972) 465.
[7] München 1953.
[8] *D. Sölle*, a.a.O. (Oben Anm. 1) 25.
[9] S. Weil, zit. bei *D. Sölle*, a.a.O. 23.
[10] *F. Stier*, Das Buch Ijjob (München 1954) 238.
[11] *E. Bloch*, Atheismus im Christentum (Frankfurt a.M. 1968) 154f.
[12] *F. Stier*, a.a.O. 346.
[13] *G. Fohrer*, Studien zum Buche Hiob (Gütersloh 1963) 128f.
[14] *K. Rahner*, Schriften zur Theologie V (Einsiedeln 1962) 200f.
[15] Vgl. *Sch. Ben-Chorin*, Jüdische Existenz heute. Drei Essays zum jüdisch-christlichen Dialog (Trier 1967) 27–29.
[16] *G. Scholem*, Über einige Grundbegriffe des Judentums (Frankfurt 1970) 135.
[17] *Ben-Chorin*, a.a.O. 27.
[18] *H. Küng*, Gott und das Leid (Einsiedeln [3]1969) 60.
[19] *A. Delp*, Im Angesicht des Todes (Freiburg i.Br. 1958) 105.
[20] Zitiert nach *D. Sölle*, Leiden 111.

Quellenvermerk

Die Zitate aus dem biblischen Buch Hiob sind entnommen: Fridolin Stier, Das Buch Ijjob. Kösel Verlag, München 1954, und: Das Buch Ijob, in: Einheitsübersetzung der Heiligen Schrift. Das Alte Testament. Herausgegeben im Auftrag der Bischöfe Deutschlands, Österreichs, der Schweiz, des Bischofs von Luxemburg und des Bischofs von Lüttich in der Katholischen Bibelanstalt, Stuttgart 1974, S. 925–977.

Tröstende Worte für Kranke

Du nimmst mich an

Gebete für Kranke. Von Lennart Karstorp

Diese Gebete für Kranke „sind ganz spontan und situationsnah für Kranke, Einsame, Leidende und Sterbende formuliert."

Krankenpflege, Frankfurt

„Eine tröstende, ermutigende Lebensschule für verzweifelte Kranke (Großdruck!). Vor allem zum Eigenbesitz."

Das neue Buch

112 Seiten, kartoniert, ISBN 3-451-18509-1

In deiner Hand

Gebete und Betrachtungen in der Heilszeit der Krankheit und Genesung. Herausgegeben von Wolfgang M. Müller-Welser

„Eine ganz ausgezeichnete Auswahl für Kranke zum Beten, für deren Angehörige und ihr Pflegepersonal zum Vorbeten."

Kirchliches Amtsblatt, Osnabrück

„Dieses Werk ist in Sprache und Gehalt erfüllt von Glaubenszuversicht für die, die sie am meisten brauchen: die Seelsorger selbst und die leidgeprüften Kranken."

Klaus Thomas in: Theologische Revue

6., überarbeitete Auflage, 160 Seiten, zweifarbig, kartoniert
ISBN 3-451-18162-2

Verlag Herder Freiburg · Basel · Wien

„Immer wieder stellt man fest, daß die schmalen, von Theologieprofessoren verfaßten Bändchen des Verlages Herder kleine Kostbarkeiten für das religiöse Leben und die Erkenntnis des christlichen Glaubens sind."

Deutsche Tagespost, Würzburg

Getreu ist Gott

Zusage und Zuspruch. Von Paul Josef Cordes

„Unter dem Stichwort ‚Getreu ist Gott' faßt der Paderborner Weihbischof 13 kurze Monatsbetrachtungen zusammen, die dem kirchlichen Festkreis folgen und jeweils in ein Psalmengebet münden. So wird auf geistbewegte Menschen bei Pfingsten, auf falsche Selbstsicherheit aus Leistung anläßlich des Erntedanks, auf den ‚homo viator' zur Reisezeit hingewiesen. – ‚Diese an der Wirklichkeit orientierten, gläubig meditierten und biblisch vertieften Weisungen bestärken den Glauben an die Treue Gottes und sind – wie es der Untertitel ausspricht – Zusage und Zuspruch.'"

Franz Furger in: Vaterland, Luzern

80 Seiten, kartoniert, ISBN 3-451-18837-6

Hoffnung, die den Menschen heilt

Geistliche Orientierung. Von Heinrich Fries

„Fries zeigt in seinen Meditationen zum Advent, zu Ostern, Christi Himmelfahrt und anderen Fest- und Gedenktagen, daß Hoffnung deshalb möglich ist, weil Gott uns eine Zukunft, nämlich die Teilnahme an seinem Leben, bereithält und uns dadurch in den Wirren und Anfechtungen der Zeit Trost schenkt."

Alfons Bungert in: Deutsche Tagespost

112 Seiten, kartoniert, ISBN 3-451-18849-X

Verlag Herder Freiburg · Basel · Wien